Michel André

Réponses chrétiennes à quelques questions TOME 1

Michel André

Réponses chrétiennes à quelques questions TOME 1

Première partie: l'homme en relation avec lui-même et avec Dieu

Éditions Croix du Salut

Impressum / Mentions légales

Bibliografische Information der Deutschen Nationalbibliothek: Die Deutsche Nationalbibliothek verzeichnet diese Publikation in der Deutschen Nationalbibliografie; detaillierte bibliografische Daten sind im Internet über http://dnb.d-nb.de abrufbar.

Alle in diesem Buch genannten Marken und Produktnamen unterliegen warenzeichen-, marken- oder patentrechtlichem Schutz bzw. sind Warenzeichen oder eingetragene Warenzeichen der jeweiligen Inhaber. Die Wiedergabe von Marken, Produktnamen, Gebrauchsnamen, Handelsnamen, Warenbezeichnungen u.s.w. in diesem Werk berechtigt auch ohne besondere Kennzeichnung nicht zu der Annahme, dass solche Namen im Sinne der Warenzeichen- und Markenschutzgesetzgebung als frei zu betrachten wären und daher von jedermann benutzt werden dürften.

Information bibliographique publiée par la Deutsche Nationalbibliothek: La Deutsche Nationalbibliothek inscrit cette publication à la Deutsche Nationalbibliografie; des données bibliographiques détaillées sont disponibles sur internet à l'adresse http://dnb.d-nb.de.

Toutes marques et noms de produits mentionnés dans ce livre demeurent sous la protection des marques, des marques déposées et des brevets, et sont des marques ou des marques déposées de leurs détenteurs respectifs. L'utilisation des marques, noms de produits, noms communs, noms commerciaux, descriptions de produits, etc, même sans qu'ils soient mentionnés de façon particulière dans ce livre ne signifie en aucune façon que ces noms peuvent être utilisés sans restriction à l'égard de la législation pour la protection des marques et des marques déposées et pourraient donc être utilisés par quiconque.

Coverbild / Photo de couverture: www.ingimage.com

Verlag / Editeur:
Éditions Croix du Salut
ist ein Imprint der / est une marque déposée de
AV Akademikerverlag GmbH & Co. KG
Heinrich-Böcking-Str. 6-8, 66121 Saarbrücken, Deutschland / Allemagne
Email: info@editions-croix.com

Herstellung: siehe letzte Seite /
Impression: voir la dernière page
ISBN: 978-3-8416-9824-7

Copyright / Droit d'auteur © 2013 AV Akademikerverlag GmbH & Co. KG
Alle Rechte vorbehalten. / Tous droits réservés. Saarbrücken 2013

REPONSES CHRETIENNES A QUELQUES QUESTIONS

TABLE DES MATIERES

- Chap. 1 : La personne humaine..P.3 à 7
  - Qu'est-ce que la personne humaine ?
  - Qui suis-je ?
- Chap. 2 : Le projet de Dieu sur l'homme..................................P.8 à 15
  - Quel est le projet de Dieu sur l'homme ?

  Chap. 3 : La liberté et ses conditions......................................P.16 à 24
- Chap. 4 : Le péché..P.25 à 32
  - Qu'est-ce que le péché ?

  Chap. 5 : De l'image à la ressemblance..................................P.32 à 37

  Chap. 6 : Le sentiment de culpabilité/infériorité......................P.38 à 39
  Comment lutter contre lui ?
- Chap. 7 : L'homme livré à lui-même. Le « vieil homme ».   P. 39 à 45
  - Qu'est-ce qui caractérise le vieil homme ?
- Chap. 8 : Passage à l'homme nouveau..................................P. 45 à 48
  - Comment passer du vieil homme à l'homme nouveau ?
- Chap. 9 : Relations de l'homme au « Divin ». ....P. 48 à 55
- Quels sont les différents types de relation de l'homme au « Divin » ?
- Chap.10: Rencontrer le Christ. Comment rencontrer le Christ P. 56 à 59
- Chap.11 : Les désirs..P. 59 à 67
  - Sommes-nous maîtres de nos désirs ?

  Chap.12 : Le mal..P.68 à 71
  L'existence du mal est-t-elle compatible avec la bonté de Dieu?
- Chap. 13 : Qu'est-ce que la souffrance?   P.72 à 85
  la souffrance a-t-elle sa place dans le Plan de Dieu?
- Chap. 14 : La prière   P.85 à 102
  - Pourquoi et comment prier ?

INTRODUCTION

Placé entre « les deux infinis » et butant sur eux, l'homme constate ses limites et s'interroge d'abord sur lui-même. Cette personne humaine qu'il est, se sait constituée de la **même « matière »**, au sens large, que celle de l'univers qui l'entoure.
 En même temps, il sait qu'il diffère de cette matière qui est un de ses constituants. **L'homme possède, en effet, cette caractéristique majeure : la certitude d'exister.** Cette certitude d'exister, qui lui permet d'affirmer : « je suis ! », le rapproche de ce qui n'est pas matière et que l'on nomme « esprit ». C'est même ce qui permet de dire que l'homme est « image » de Celui qui est Esprit et qui s'est, lui aussi, défini comme étant : « Je suis » (Yaweh à Moïse dans l'Exode).
 Cette part de l'homme qui est « esprit », certains hommes l'ont niée : c'est la doctrine matérialiste et son prolongement marxiste.
Certes, au niveau de la partie matérielle de sa personne, l'homme a de nombreuses capacités. Son « ordinateur cérébral » n'est constitué que de matière et équivalents (électricité, etc...). Certes il est plus perfectionné que celui des animaux en bien des points et fournit à l'homme les **convictions** qui permettent les avancées scientifiques, technologiques. Mais cet « ordinateur cérébral » est incapable, **de lui-même**, de produire la « **certitude d'exister** » caractéristique de l'**homme animé par l'esprit.**
Par rapport aux suppositions des « penseurs du siècle des lumières », la compréhension moderne que nous apporte l'informatique est une véritable révolution : le plus perfectionné des ordinateurs n'est rien sans l'homme qui « l'anime ». De même l'homme « matériel » sans l' « esprit! » immatériel.
C'est ainsi que nous pouvons, maintenant, remettre en cause la célèbre affirmation de Descartes : « je pense **donc** je suis », en dénoncer l'erreur fondamentale (du fait qu'il ne tient pas compte de l'antécédence du « je »). On peut même l'inverser en « **Je suis** (avant de raisonner par mon ordinateur cérébral) et ensuite je pense, en dirigeant mon ordinateur cérébral »...et non l'inverse !
Pas étonnant que, de cette erreur fondamentale, qui donne **toute la place à la seule raison,** au détriment total de l'esprit, aient découlé toutes celles du **marxisme matérialiste, avec les conséquences que l'on sait!**
Une fois rétablis la vraie constitution de la personne humaine et son fonctionnement, envisagés au chapitre 1, il sera possible de répondre clairement à de nombreuses questions. **Sans le préalable de la distinction fondamentale entre matière et esprit,** ces questions risqueraient de s'embourber dans la confusion fréquente concernant les termes « corps », « âme », « esprit ».
Ce premier essai concerne l'homme en relation avec lui-même et avec son Créateur, Ultérieurement, nous verrons l'homme en relation avec ses semblables.
Une « réponse chrétienne » suppose la conformité avec cette « Vérité toute entière » que le Christ affirmait être Lui-même, devant Pilate, lequel, de son côté, ne voyait la vérité que sous un angle parcellaire car purement matérialiste, ignorant la réalité de l'Esprit de Dieu et celle de l'esprit en chaque homme (cf Jn 18, 37-38).

CHAPITRE 1

QUESTION : Qu'est-ce que la personne humaine ? Qui suis-je ?

Ces deux questions couplées sont fondamentales pour tout homme.
Mais ce questionnement de l'homme est précédé d'une affirmation catégorique qui est celle de son existence même !
C'est parce qu'il a <u>la certitude première d'être</u>, que l'homme se pose, ensuite, la question fondamentale : « qui suis-je » ? et tout ce qui va avec (origine, destinée, en tant que personne humaine).
Reconnaître cette certitude de son existence va de pair avec la reconnaissance des trois parties de la structure humaine, qu'il nous faut donc maintenant examiner.

Nous sommes des « personnes humaines », caractérisées par leur structure et par ce qui anime cette structure.

1) <u>STRUCTURE DE LA PERSONNE HUMAINE</u>
Saint Paul nous dit, dans 1 Th 5, 23, qu'elle est composée de trois parties :

    a) **Le corps**
    b) **L'âme**
    c) **L'esprit**

<u>a) Le corps</u> est la partie la plus accessible, car elle est « matière ». On peut voir le corps, le toucher, analyser ses composants et son fonctionnement par l'observation scientifique.

<u>b) L'âme</u> apparaît composée de deux parties :
La première est très liée au corps et, de ce fait, peut être appelée « âme corporelle »
C'est là que nous éprouvons certaines **« sensations »**. Ces sensations viennent de nos sens, donc de notre corps.
Les **sensations** se produisent au niveau de « notre âme corporelle», après enregistrement, par **notre « ordinateur cérébral »,** des données, véhiculées par notre « système nerveux » depuis les récepteurs de notre corps. Elles sont « traitées » par cet « ordinateur cérébral» qui assure, entre autres, leur enregistrement en mémoire, leur association à d'autres données pour en produire de nouvelles et, aussi, générer nos « sensations ».
Mais ces « sensations » ne représentent qu'une partie de la production de notre « ordinateur cérébral ».

Au niveau de celui-ci se réalise tout un travail d'analyse, de synthèse, de classification, mémoire, imagination qui sera à la base de ce qu'on appelle **la réflexion intellectuelle, la pensée, la raison**, indispensables à la personne humaine pour la conduite de sa « vie de relation » avec tout ce qui l'entoure. Notre « personne humaine » utilise, pour la maîtrise de son milieu les données que lui fournit la science et ses développements pratiques, résultant du travail de l'« ordinateur cérébral » humain.

On voit donc que **cette partie de l'âme, qui est en relation étroite avec notre corps, dépend de la matière dont est fait ce corps, dont le cerveau** et, comme ce corps, est destinée à « retourner en poussière » quand la vie se sera retirée du corps. Après la mort, notre « ordinateur cérébral », entre autres, n'est plus en état de fonctionner, (tout comme n'importe quel vieil ordinateur hors d'usage) et subit une dégradation irréversible, en sens inverse de la maturation progressive qui l'a amené, depuis les débuts de la vie embryonnaire jusqu'à son état de pleine capacité.

Durant notre vie, cette partie de l'âme très liée au corps est donc le lieu de nombreuses « **sensations** », comme, par exemple, le chaud, le froid, la sensation de bien-être physique, de confort, de sécurité, **l'attirance « amoureuse » physique, entre autres.** Elle est aussi le lieu du mal-être, de la **douleur**, de la sensation de danger associée à la peur, à la panique de la répulsion physique!

Par ses liens très forts avec le corps, elle est une « âme corporelle ».

L'autre partie de l'âme est, au contraire, en relation avec une autre structure de notre personne qui est l'esprit ! C'est « l'âme spirituelle ». En elle, nous éprouvons des sentiments profonds, en relation avec l'affectivité profonde. Ainsi éprouvons-nous **le sentiment amoureux**, l'attirance amicale, la bienveillance, la quiétude, mais aussi l'appréhension, une certaine **souffrance**. De même, nous y éprouvons la suspicion, l'agressivité, la rancune, l'envie, la jalousie….. **Ces sentiments profonds** trouvent leur origine dans la troisième structure de notre personne, la plus « profond », **la plus intime de notre personne qui est l'esprit.**

Cette partie de l'âme, dite « spirituelle », n'est pas sous la dépendance du corps et de la matière, comme l'est l'âme corporelle. Elle est, par contre, sous celle de l'esprit auquel elle est étroitement associée.

Cette « âme spirituelle » suit la destinée immortelle de l'esprit après la mort.

En conclusion, on peut dire que **l'âme, avec ses deux composantes, corporelle et spirituelle, fait le lien** entre ces deux caractéristiques de l'homme que sont son corps et son esprit.

Lorsqu'il est dit, dans le récit biblique de la création, que Dieu insuffla « l'âme » en l'homme, cela évoque le lien spécifique, chez l'homme entre le corps, tiré de « la poussière du sol (la matière) » et l'esprit, venant de l'Esprit de Dieu.

   c) **L'esprit** C'est une structure totalement distincte de la matière et, en particulier, de notre « ordinateur cérébral ».

Il n'est pas le lieu de la « pensée » dans la mesure où il ne produit pas le « raisonnement » qui est fruit de notre « ordinateur cérébral ».

Il est, par contre, le siège de l'amour agapé, comme le corps est siège de l'amour éros et l'âme siège de l'amour philos.

C'est en lui que s'exprime le **besoin infini d'être aimé et d'aimer, ainsi que la confiance d'amour** et la volonté d'y adhérer, qui est la base nécessaire à tout amour agapé. C'est donc à son niveau que va se faire, selon le cas, le **choix de l'amour, ou le refus de celui-ci.**

C'est enfin, et surtout, au niveau de l'esprit que chaque homme entre en **relation d'intimité avec Dieu**, dans la mesure où il ouvre à Celui « qui se tient à la porte et y frappe » (Ap 3,20), ou bien dans la mesure où il ne le rejette pas quand Dieu fait irruption en lui, comme cela est arrivé à Paul sur le chemin de Damas.

Quand on parle de l'esprit comme **lieu de la confiance**, il s'agit de la « **confiance d'amour** » basée sur une **certitude** et non de la « confiance de raison » basée sur des **convictions** (siégeant donc, elle, dans l'âme corporelle).

Cette confiance d'amour, base de l'amour agapé est une grâce, donnée par l'Esprit de Dieu à l'esprit de l'homme. **C'est la certitude que Dieu est Amour** et qui s'impose à notre esprit, sous l'action de l'Esprit Saint (cf Rm 8, 15-16), comme d'autres certitudes, dont la plus « banale » car **commune à tous les hommes, est « la certitude d'exister ».**

Cette certitude d'exister est primordiale, essentielle, communicable aux autres humains. On a vu **qu'elle précède** la question « qui suis-je » de tout homme !

Les matérialistes, à la suite de Descartes, font reposer cette certitude d'exister sur l'affirmation « **je pense, donc je suis** !.... ». Ils lient la certitude d'exister à la pensée, à la raison, c'est-à-dire à « l'ordinateur cérébral » matériel et périssable de « l'âme corporelle ». Mais en disant « je », ils ne se sont pas aperçu qu'ils affirmaient déjà, par là, leur certitude d'exister, **antérieure, donc, à toute pensée**, à toute intervention de l'ordinateur cérébral. Donc, leur certitude d'exister, puisqu'elle est indépendante de la « matière » provient forcément de cette réalité autre que la matière et que l'on nomme « esprit » !

Différence entre certitudes et convictions

Les convictions proviennent de la partie matérielle de la personne humaine, les certitudes naissent dans sa partie spirituelle.

La pensée raisonnante de « l'âme corporelle » ou « raison » débouche sur des « convictions » qui n'ont rien à voir avec les « certitudes » nées de l'esprit. De même que la pensée provient de la matière, de même l'esprit et ses certitudes proviennent d'un Esprit immatériel qui n'est autre que « Dieu ». On vient de voir qu'à côté de la certitude princeps d'exister qui est en toute personne humaine, il y a aussi d'autres certitudes auxquelles l'esprit humain peut accéder, **sans passer, là non plus, par la « raison » qui, de ce fait n'a pas le droit de s'interposer entre l'esprit de l'homme et l'Esprit de Dieu.** C'est d'ailleurs ce que l'expérience « spirituelle » confirme.

Mais, si la « pensée », au niveau de l'âme corporelle est incapable de certitude, elle est productrice heureusement de nombreuses **« convictions »** qui sont le résultat du magnifique travail des « scientifiques » (qui méritent ainsi le titre de co-créateurs »).
Ces convictions concernent ce qui est observable dans la partie de l'univers accessible à nos moyens d'exploration. Elles aboutissent à des « lois » permettant à l'humanité de progresser en connaissance et dans l'application pratique de ces connaissances aux diverses activités humaines. Nous devons reconnaître que nos connaissances sur l'univers sont limitées par l'existence des **« deux infinis »** et l'impossibilité de leur exploration complète. On constate même, en fait, que plus les connaissances augmentent et plus il y a de questions irrésolues
Dans ces conditions, **nous évoluons dans notre monde de façon pragmatique,** en essayant de mettre le maximum de chances de notre côté. Mais nous savons bien, par exemple, qu'en prenant l'avion pour une destination donnée, nous avons la conviction d'arriver à telle heure, mais pas la certitude !

Opposition entre CHAIR et ESPRIT

De tout ce qui précède on peut conclure que **la différence est catégorique entre matière et esprit, entre ce qui n'est que « matière » et ce qui est « matière » et « esprit », entre les animaux et les humains. Nous ne sommes pas des « animaux supérieurs » mais des humains « images de Dieu ».**
On comprend alors la distinction que Saint Paul fait catégoriquement entre « chair » et « esprit » et, tout en distinguant corps, âme et esprit, on peut mettre une ligne de démarcation, passant au milieu de l'âme et séparant d'un côté le corps et « l'âme corporelle » et de l'autre l'esprit et « l'âme spirituelle ».

CONNEXIONS ENTRE STRUCTURES DE LA PERSONNE

Les connexions entre les différentes structures de notre « personne humaine », celles dépendantes de la matière et celles dépendant de l'esprit, sont importantes durant notre vie. Il y a **retentissement réciproque**. Ce qui se passe au niveau de mon corps retentit aux deux niveaux, corporel et spirituel de mon âme et au niveau de mon esprit et réciproquement! Si, par exemple, j'entretiens de l'agressivité à partir de la haine, au niveau de mon « âme spirituelle », c'est parce que j'ai choisi de refuser l'amour, **au niveau de mon esprit** et cela aura des retentissements sur mes sensations et même mon corps.

Ces connexions cessent après la mort qui anéantit tout ce qui relève de la matière, cependant que survit tout ce qui relève du « spirituel ».

Ceci est un trait essentiel de la différence entre l'homme et les animaux dits « supérieurs »!

2) ANIMATION DE LA PERSONNE HUMAINE

Elle est le fait de cette réalité personnelle qu'est **la conscience.**
Nous avons **une conscience** qui comporte : conscience de soi et conscience morale.

La conscience de soi

Selon le dictionnaire, c'est « la perception plus ou moins claire de phénomènes en relation avec notre existence ». C'est dire que cette « conscience » comporte plusieurs zones, correspondant, chacune, à des degrés différents de clarté de cette perception. Ces zones sont: **le conscient, le subconscient et l'inconscient.**

Le **conscient,** c'est ce dont nous avons conscience dans l'immédiat car présent à nos sens, à notre perception des choses, tant matérielles qu'immatérielles, sentimentales ou affectives et spirituelles.
Description: La maison et la cave
Le conscient est figuré, sur le schéma C chap.11 "DESIRS" , par la partie de la maison éclairée par l'ampoule. Au contraire, le **subconscient,** figuré par le placard, est en dehors de la lumière que fournit la lampe ; mais les souvenirs qu'il contient peuvent être ramenés au conscient si on ouvre volontairement le placard pour les y chercher.
La cave figure l'inconscient, qui est en dehors de la lumière. On ne voit pas ce qui s'y cache. Pourtant elle contient les souvenirs de toutes nos sensations et sentiments éprouvés depuis notre conception et « oubliés ». Or, les imbrications, entre eux, vont donner naissance à des « désirs » inconscients, chargés d'une force tendant à les faire sortir de la cave pour s'accomplir consciemment. On ne parle pas, ici, des actes automatiques tels que la respiration, le balancement des bras lors de la marche…etc. mais de **désirs** qui sont des démarches plus élaborées de notre personne en vue de la satisfaction de besoins. Sous jacents à nos actes et même à nos pensées se trouvent effectivement des désirs, véritables moteurs de la personne humaine.

Le désir fondamental de toute personne humaine est celui d'être aimée et d'aimer. La foule des autres désirs est secondaire à celui-ci. Ce désir fondamental, qui est au centre de notre esprit, même si nous n'en avons pas toujours conscience, est l'initiateur principal de nos pensées et de nos actes.

Les désirs suivent, dans la personne humaine, un cheminement au cours duquel interviennent plusieurs structures de celle-ci pour en faciliter ou interdire la satisfaction concrète.
On verra ce « cheminement des désirs » à propos de questionnement ultérieur et on verra l'intervention, lors de ce cheminement, de la « conscience morale » au Chapitre "DESIRS".

La conscience morale

Elle comporte tout ce qui permet à notre personne de distinguer le Bien du Mal et nous pousse à choisir le Bien et rejeter le Mal. Elle est donc amenée à opérer un tri entre nos désirs. Elle sera examinée lors d'un questionnement ultérieur.

CHAPITRE 2

QUESTIONS :
Quel est le projet de Dieu sur l'homme ?
Comment l'homme est-t-il image de Dieu ? Qu'est-ce que la ressemblance à Dieu ?
En quoi l'homme est-t-il co-créateur ?
Quels sont ses pouvoirs....et sa responsabilité (par exemple dans le mal) ?

DIEU-PROJET DE DIEU

Il nous faut, tout d'abord, comprendre ce que la Révélation nous apprend de Dieu Lui-même !
En Dieu, que louons-nous?

- **Sa Toute-puissance** qui va de pair avec le fait qu'Il est l'Unique !
- **L'Amour infini**, merveilleux unissant les trois personnes et qui est source de tout amour.

Qu'est-ce que cet Amour?
A notre niveau, d'après notre expérience, nous savons qu'aimer c'est désirer et réaliser autant que faire se peut, le véritable "bien" de l'autre, mais aussi, attendre de l'autre notre propre bien, notre bonheur!
Cet amour, il nous vient de la Source, qui est Dieu.
En Dieu, l'amour est, pareillement, accueil et don, entre les trois Personnes de la Trinité. Mais chaque Personne (étant de la Source) peut aussi bien donner qu'accueillir, **sans avoir besoin**, comme l'homme, (qui n'est pas source), de recevoir pour donner ensuite.
De plus, pour raison de Toute-puissance, chaque personne de la Trinité réalise pleinement, pour les autres personnes de celle-ci, le bien qu'elle veut pour elles....alors que l'homme, même s'il veut faire le bien de l'autre, ne peut le réaliser pleinement, loin de là, en raison de ses limites.
L'amour, en Dieu, est donc parfait, éternel, infini : c'est le Bien par excellence, **l'Amour absolu!**

De cet amour qui est en Dieu procède le désir de créer, d'où est sortie la création, laquelle est réalisation du désir de partager ce bien qu'est l'amour.
Le désir d'amour qui existe en Dieu à l'infini, est pleinement satisfait du fait de

l'amour parfait des Trois Personnes. Cette satisfaction, c'est le Bonheur, du fait de la correspondance entre ce que l'on est et ce pour quoi l'on est fait et qui est pleinement réalisée en Dieu!

Or, comme Dieu, à son image, nous sommes faits pour l'amour!

C'est pour le Bonheur que Dieu crée. C'est dans ce but-là qu'Il a créé l'homme à son image et à sa ressemblance. Cette création entre dans son PROJET.

(A) <u>CREES A SON IMAGE ET A SA RESSEMBLANCE</u> (Gn 1,27)

Le point de départ, c'est **l'image**, et **le point d'arrivée, c'est une ressemblance suffisante pour permettre l'intégration dans l'intimité complète de la Vie Trinitaire : aptitude à cette communion d'amour à laquelle Dieu nous appelle dans le Royaume, mais déjà ici-bas.**

Créé "à son image", cela veut dire que nous reproduisons certains éléments caractéristiques de l'identité même de Dieu.

Quels éléments de l'identité de Dieu reproduisons –nous en tant qu'image de Lui ?

1) L'élément le plus essentiel, c'est **la certitude d'être, d'exister**, que Dieu manifeste catégoriquement en répondant à Moïse, l'interrogeant sur son identité, : «tu parleras ainsi aux fils d'Israël : «JE SUIS m'a envoyé vers vous ! » » (Ex 3, 14).

Cette certitude d'exister que possèdent en commun tous les êtres humains et dont ils sont capables de saisir la réalité chez les autres, se manifeste au niveau de leur esprit. Ce n'est pas, en effet, une déduction de leur intelligence. Ce n'est pas d'ordre intellectuel, mais spirituel !

Elle leur est communiquée à ce niveau par l'ESPRIT de Dieu sous forme de certitude (Rm 8, 15-16).

2) **Un autre élément est d'être à la fois trois et un**. Trois, parce que l'homme est corps, âme et esprit (cf. Th 5, 23). Un, parce que l'homme est un être global, unifié. Certes, il peut être provisoirement privé d'un de ses éléments constitutifs (tel que son corps, par exemple, après sa mort), mais il est destiné à être "glorifié", avec le Christ glorieux, après la résurrection, à travers les trois composantes de son être, dont son corps, bien entendu.

3) Le fait d'être **"relationnel"**.

Tout comme Dieu est relation entre les Trois Personnes, l'homme est relation avec les autres et avec Dieu. L'homme trouve son identité en se séparant des autres, mais dans la relation avec eux et Dieu.

4) Le fait d'être **"dynamique"**, comme Dieu, tendu vers l'infini, allant de l'image vers la ressemblance et destiné, après réalisation de cette dernière, à une **croissance qui n'aura pas de fin.**

5) Ce qui pousse l'homme ainsi, c'est <u>un **désir infini d'être aimé et d'aimer**</u>, **qu'il y a en Dieu, mais aussi en l'homme en tant qu'image de Dieu.** Cependant, pour l'homme, il y a nécessité d'être d'abord rempli d'amour par la Source de l'Amour avant de songer à être lui-même totalement "donneur

d'amour". Pour donner de l'amour véritable (comme défini plus haut), l'homme doit d'abord s'ouvrir à la source de l'amour qui est Dieu. Faute de cela, l'homme donnera une caricature d'amour, dérivant de ses convoitises, incapable de combler vraiment le désir infini d'être aimé que les autres portent eux aussi en eux- mêmes.

CE BESOIN D'AMOUR EST <u>FONDAMENTAL</u> AINSI QUE LE DESIR CORRESPONDANT. Son étude sera complétée plus loin.

QUESTION : Ce besoin fondamental est-t-il universel ?

La certitude d'exister, propre à chaque homme est présente en tout homme. Mais peut-on reconnaître, en tout homme le besoin d'être aimé et d'aimer ? et, si c'est le cas, pourquoi est-ce ainsi ?
En fait, les apparences peuvent être contre et beaucoup d'hommes, malheureusement, nient en eux ce besoin. **Cette négation** vient du rejet, par eux, de l'idée même qu'ils pourraient être cette « image de Dieu » dont parle la Genèse (Gn1, 27). Cela veut dire qu'au niveau de leur esprit il y a **refus de faire confiance à Dieu** pour la réalisation de leur bonheur dans le cadre de cette « image-ressemblance » à Dieu !
On est là dans le problème de la liberté laissée par Dieu à l'homme et de l'usage qu'il peut en faire (ce qui fera l'objet d'une autre question).
Pour autant, ces hommes ne peuvent échapper à la réalité qu'ils portent en eux de cette « image-ressemblance » dont la conséquence est le besoin d'être aimé et d'aimer, non reconnu par les intéressés mais révélé catégoriquement par leur comportement psycho-affectif lui-même !
Cette révélation du besoin fondamental de l'homme, outre qu'elle nous a été fournie abondamment par Dieu dans sa Parole (par exemple dans Marc 12, 28-34), l'est également par les données objectives de l'anthropologie.

(B) <u>L'HOMME CREE COMME CO-CREATEUR</u>

En créant l'homme, Dieu lui confère une responsabilité de co-création, qui est participation au plan d'amour de Dieu sur sa création :" remplissez la terre et soumettez-la!"(Gn 1,28).Ce faisant**, Dieu invite l'homme à un travail.**
On a vu trop souvent dans ce travail, la seule composante"objective", c'est-à-dire la nécessité de peiner péniblement, pour se procurer sa subsistance...autrement dit, une sorte de malédiction. Mais ce travail a aussi une composante "subjective" qui est la participation à l'oeuvre créatrice de Dieu, preuve de confiance insigne de sa part. En approfondissant ses connaissances, en élaborant les sciences, en réalisant les techniques, en domestiquant les phénomènes naturels, l'homme est réellement co-créateur.
Cet accueil, cette participation au plan de Dieu sur sa création ne sont pas facultatifs, mais obligatoires.
L'homme doit donc utiliser pour le bien de tous et en conformité avec le plan de

Dieu, non seulement ses facultés naturelles spontanées (comme, par exemple sa force physique) et tout ce que la nature met sa disposition sans effort de sa part, mais aussi ce que son travail lui donne comme moyens d'action efficace sur celle-ci.

L'homme a donc une « obligation de moyens », c'est à dire qu'il doit employer tous les moyens que Dieu a mis à sa disposition pour accomplir sa participation au Plan de Dieu. Mais il n'a pas l'obligation de réussir : cela, c'est « l'affaire de Dieu », et cela dépend aussi de la liberté des autres hommes, lesquels n'acceptent pas toujours le Plan de Dieu !

L'homme n'a donc pas une obligation de résultat. Au contraire, forcer les choses pour obtenir à tous prix le résultat escompté serait se mettre à la place de Dieu !

POUVOIRS NATURELS

Dieu donne à l'homme, pour agir, des **pouvoirs "naturels"** (comme sa force physique, sa santé, sa vie même...), mais aussi d'autres pouvoirs, tout aussi "naturels" puisque venant de ce que Dieu a mis naturellement en l'homme en vue d'un progrès : intelligence, volonté, etc...., et qui accompagnent le **travail de co-création.**

POUVOIRS SURNATURELS

Par contre, les **pouvoirs "surnaturels"**, eux, sont à Dieu, qui agit dans sa création de façon "surnaturelle".

Cette action "surnaturelle" s'effectue au bénéfice des anges et des hommes. Ces derniers peuvent obtenir ces grâces directement ou par l'intermédiaire des sacrements, spontanément ou en réponse à la prière. L'homme sollicite en effet cette action en priant Dieu.

Ce n'est pas l'homme qui agit surnaturellement, mais c'est Dieu! Quand les disciples de Jésus chassent les démons, c'est Dieu qui agit et non pas eux : ils opèrent au nom de Jésus. Les disciples prient, demandent...et Dieu agit! Jésus a bien précisé qu'il ne faut pas compter sur l'action surnaturelle de Dieu sans avoir utilisé, au préalable, les moyens naturels dont on dispose sans avoir "collaboré" à l'action de Dieu. (Si.38, 6-8). Ainsi, lorsque Jésus dit que telle sorte de démons se chasse par le jeûne et la prière, il montre clairement que les disciples doivent collaborer à l'oeuvre de Dieu (Mt17, 21).

A plus forte raison est-il hors de question, pour l'homme, d'essayer d'obliger Dieu à agir surnaturellement dans le sens voulu par l'homme, c'est-à-dire en pratiquant **la magie**. Celle-ci prétend obtenir à coup sûr et de façon automatique, par des formules, par des pratiques et même par des soi-disant "prières", ce que l'homme désire. **Ainsi, la magie prétend exercer un pouvoir sur Dieu.** C'est tout simplement un péché d'orgueil, et aussi de paresse. Car c'est la paresse qui nous pousse à solliciter sans cesse de Dieu de faire pour nous, à notre place...ce qu'Il nous a donné le moyen de faire grâce à ces pouvoirs naturels qu'Il nous a confiés.

Ainsi, lorsqu'il y a, par exemple, une difficulté dans un couple, certains, au lieu de se donner la peine d'en chercher les véritables causes, de les analyser dans l'humilité, de faire les efforts de redressement nécessaires, trouvent plus pratique et moins fatiguant de demander à Dieu la solution toute faite et sans effort de leurs difficultés relationnelles de couple.

Ils iront même jusqu'à demander à Dieu de chasser le "démon de désunion", alors que, tout en sollicitant l'aide de Dieu, bien sûr, dans la prière, ils devraient plutôt se mettre d'abord à la tâche avec courage, regarder chacun quelle est sa part de responsabilité, voir même son péché et laisser de côté toute vision "magique" de leur problème qui les détourne de ce que Dieu veut leur montrer à travers leurs difficultés elles-mêmes.

(C) L'HOMME EST CREE LIBRE

Cela est essentiel et découle du but poursuivi par Dieu à travers la création. Ce projet de Dieu, c'est la participation de ses créatures, angéliques et humaines, à sa propre vie trinitaire.

C'est la proposition d'une vie d'Amour en plénitude et donc de Bonheur.

Mais, pour aimer, il faut être libre : **il n'y a pas d'amour possible sans liberté**. Obliger à aimer est illusoire et n'a même pas de sens! En la matière, la liberté, c'est celle de choisir l'amour...ou de le rejeter.

Or, même garrotté dans son corps, l'homme peut choisir.

L'amour étant accueil et don, il implique une dépendance vis à vis de qui nous donne et par rapport à qui l'on donne. Dans l'amour, cette dépendance est libre acceptation par la personne et non pas renoncement de celle-ci à sa pleine personnalité ce qui serait le cas dans ce que l'on appelle la "fusion".

La personnalité de chacun, dans l'amour, grandit dans cette dépendance de communion où chacun reste pleinement lui-même.

Le choix n'est donc pas entre indépendance vis à vis de l'autre ou dépendance....mais entre indépendance et dépendance de communion, ou même, finalement, entre dépendance de fusion ou dépendance de communion.

C'est pour cela que Dieu propose à l'homme ce chemin qui conduit de l'image à la ressemblance, au cours duquel, à travers sa vie relationnelle, l'homme fera grandir la communion d'amour et sa propre personnalité, ainsi que celle des autres.

A l'homme de choisir ce plan de Dieu qui lui offre le bonheur dans la Vie même de Dieu (dans l'Amour) et de renoncer à la tentation de réaliser son bonheur dans l'indépendance, en rejetant l'Amour, c'est-à-dire Dieu lui-même. Le rejet de la proposition de Dieu, de Son plan, c'est ce que le "serpent" a suggéré à Adam et Eve, en sapant la confiance qu'ils avaient naturellement en Dieu puisqu'ils étaient en communion d'amour avec lui, **donc dans la confiance** (qui est le propre de l'amour) (Gn3,1).

Pour saper la confiance, le serpent a utilisé le mensonge, qui est le moyen par lequel il introduit toujours la tentation (Gn3, 4-6).

Or, Dieu a créé l'homme avec un dynamisme qui le pousse à progresser sans cesse. C'est donc progressivement que l'humanité fait l'acquisition de tout ce que Dieu lui donne comme capacités. Parmi ces capacités, il y a celle de reconnaître le bien et le mal, de déterminer ce qui est bien et ce qui est mal ! Cette détermination, cette connaissance, l'homme ne peut l'acquérir qu'avec l'aide de Dieu et non de son propre chef. C'est pour cela que l'arbre de la détermination du bien et du mal n'était pas accessible à l'homme : son « fruit » lui était interdit. De nos jours, l'homme n'est toujours pas capable de lui-même, sans l'aide de Dieu, de comprendre où est le bien, où est le mal. C'est ce qu'avaient bien compris les « pères » de l'ONU qui, guidés par leur connaissance de la Bible, avaient énoncé les « droits de l'homme » en référence implicite à celle-ci, c'est-à-dire comme émanant de la transcendance de Dieu et non du discernement changeant des hommes et des « modes » résultant de leur humeur du moment. Cette bonne disposition n'a pas duré, malheureusement et l'ONU est actuellement livrée à des groupes de pression qui ont comme but d'éliminer Dieu et toute référence à la « transcendance » dans l'énoncé des droits de l'homme. Ce changement fondamental, qui se fait sous nos yeux aveuglés par des médias complices est la répétition de ce qui s'est passé « au jardin d'Eden » et comporte les mêmes conséquences catastrophiques (Gn2, 9) !

En voulant arracher à Dieu le discernement du bien et du mal, de façon prématurée, l'homme se blesse lui-même et se coupe de la communion avec Dieu. Finie la participation au plan de Dieu, fermé l'accès au bonheur véritable. L'homme chute alors de lui-même, s'éloignant du chemin qui mène à la ressemblance, s'en éloignant dans un véritable écartèlement où s'inscrit toute la **souffrance de la non correspondance. Ainsi l'homme induit-il le Mal en rejetant l'Amour.**

LIBERTE ET RESPONSABILITE DANS LE MAL

L'homme s'est retrouvé libre et seul, dans une création "libre" elle aussi.
Dire que la création est "libre"est, bien sûr, inexact. On veut simplement dire par là qu'elle est ambiguë, pouvant servir au bien comme au mal. L'homme est libre de l'utiliser, de l'orienter dans un sens ou dans l'autre, libre de polluer ou d'assainir, d'embellir ou d'enlaidir, de préserver ou de détruire.
Ceci même si Dieu se réserve d'intervenir à travers les"lois de la nature"ou éventuellement de façon "surnaturelle" (ce qu'Il semble faire rarement d'ailleurs).
Il faut donc tempérer fortement l'affirmation selon laquelle l'homme n'est qu'un jouet de la nature, à la limite irresponsable (doctrine du fatalisme). Non! la toute-puissance de Dieu ne doit pas entraîner le "fatalisme"chez l'homme...comme le déclarent certains pour qui"tout est écrit à l'avance",déterminé par Dieu,ce qui est en contradiction avec la liberté de l'homme,voulue par Dieu.

Certes, le projet de Dieu étant d'amener l'homme au Bonheur de la Vie Trinitaire dans l'Amour, c'est le choix de ce dernier par l'homme que Dieu escompte.

Mais la nécessaire liberté de l'homme fait qu'il peut aussi choisir contre l'Amour et donner ainsi naissance au Mal.
Ce n'est pas Dieu qui a créé le Mal, mais ce sont ses créatures, par leur refus de l'Amour, leur rejet du Bien. La création de Dieu est comme une merveilleuse tapisserie dans laquelle le mal réalise du négatif, une sorte de trou, une absence de Bien qui est le Mal.
Dire que Dieu "permet" le Mal est ambigü et pourrait laisser croire que le mal est indifférent à Dieu.
Pas du tout! malgré l'apparition du mal dans la création, Dieu a poursuivi son but de réalisation du Bonheur pour l'homme et a ramené celui-ci de la voie de perdition au chemin du salut. Il a "payé" pour cela, à travers l'incarnation et la Rédemption en Christ, offrant le salut à tous les hommes....afin que "pas un ne se perde"et que tous parviennent au bonheur dans l'amour. A cette oeuvre de salut, par laquelle le Mal est déjà vaincu, grâce au sacrifice du Christ, **il offre à tous les hommes de participer, dans une adhésion libre**, volontaire, propre à chacun mais utile à tous. C'est cela la "communion des saints", dans laquelle chacun peut participer à la passion, la mort et la résurrection du Christ et réaliser, dès ici-bas, dès maintenant, le Royaume d'Amour de Dieu.

Tout compte fait, l'homme se trouve devant un choix à faire :
- Accepter, en entrant dans « **la confiance d'amour** » vis-à-vis de Dieu, de tenir son bonheur de l'AMOUR.
- Refuser de faire confiance à Dieu, à sa proposition d'obtenir le BONHEUR par l'amour et le rechercher, au contraire, par lui-même, en lui-même…en dehors de la source de l'AMOUR qui est Dieu !

Le problème crucial de l'homme est donc celui de la CONFIANCE !

Projet de Dieu sur l'homme

Le bonheur par l'amour
Remplir notre "vase" d'amour
Tableau E – Chapitre 2

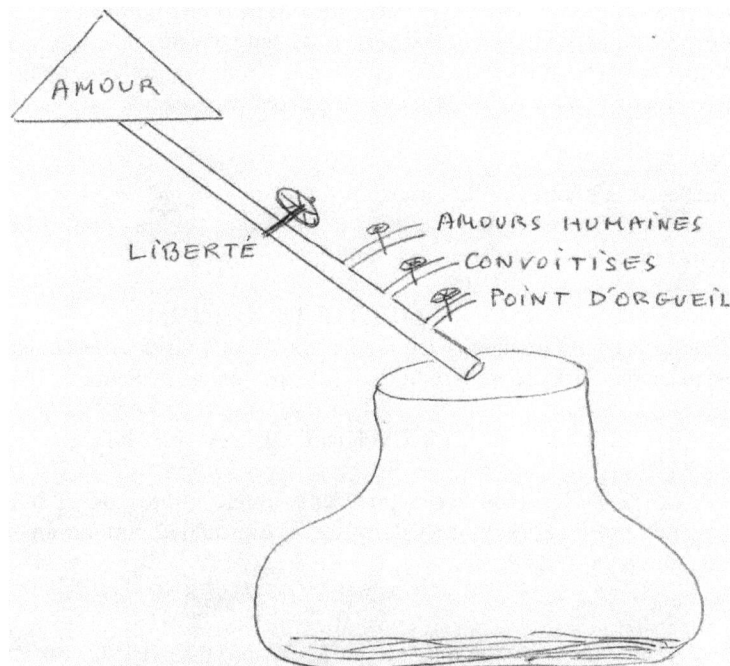

Schéma du vase d'argile que nous sommes et dont la destinée, dans Plan de Dieu, est de se remplir d'amour au point de déborder….
Seul le branchement sur la source de tout amour, qui n'est autre que Dieu, est capable de nous remplir d'amour véritable. On a donc placé une canalisation allant de Dieu à notre vase. Avant celui-ci, on a placé une vanne que, dans notre liberté, nous pouvons ouvrir, si nous voulons nous brancher sur Dieu…ou fermer si nous voulons être notre propre source d'amour et de bonheur, en dehors de Dieu.
Entre la vanne et le vase, plusieurs petits tuyaux permettent l'arrivée
1) d'amour venant du prochain, ayant sa valeur mais aussi ses limites et même parfois, hélas, chargé de refus d'amour, c'est-à-dire de « péché », ne pouvant donc pas remplir et déborder notre vase comme le voudrait notre désir infini d'être aimé !
2) de « produits de remplacement » de l'amour que sont les « convoitises ».
3) de fausses solutions au « manque d'être aimé » que sont les attitudes de fermeture du cœur ou de la dépendance aliénante.
Sur ces petits tuyaux figurent aussi des vannes.

CHAPITRE 3

LIBERTE ET CONDITIONS DE LA LIBERTE

Dans le chapitre 2, nous avons vu, entre autres, comment le Plan de Dieu comportait la nécessité, pour l'homme, d'être libre afin de pouvoir aimer.
Nous avons vu certaines conséquences de cette liberté.
Il nous faut voir maintenant les conditions à remplir, de la part de l'homme, pour que cette liberté octroyée par Dieu ne soit pas réduite à néant.

QUESTIONS:
Quelle est la liberté de l'homme ?
 Comment garder cette liberté indispensable voulue, pour l'homme par Dieu ?
Comment peut-on perdre cette liberté ?

LIBERTE DE L'HOMME
C'est la capacité de choisir, comme nous l'avons vu dans le chapitre 2. Cette liberté est nécessaire afin de pouvoir aimer. Elle est donnée à chaque homme.

CONDITIONS DE LA LIBERTE

Que nous demande Jésus pour être libres.....libres de la liberté des "fils"? Il demande notre adhésion à sa Personne, à Lui-même, comme **envoyé du Père** (Jn8, 18), (Jn 8, 28) (Jn 10, 38).

ADHESION A JESUS

1) Il s'agit d'abord de reconnaître que Jésus est SEIGNEUR.
   - C'est la première démarche, celle que nous pouvons faire au niveau de notre "âme corporelle", par le travail de notre raison, par déductions à partir de l'Ecriture . C'est la démarche que nous préconise Saint-Paul :"si tes lèvres confessent que **Jésus est Seigneur**....."(Rm10, 9) : c'est la"croyance" en la seigneurie, en la divinité du Christ.

2) La démarche suivante, nous la faisons au niveau de ce que nous avons de plus intime et de plus profond, notre "esprit". Il s'agit de croire de tout notre cœur **en l'amour de Dieu**, dans un acte de **confiance amoureuse, c'est à dire d'entrée dans la foi** :"... si tu crois dans ton coeur que Dieu l'a ressuscité des morts, alors tu sera sauvé!"(Rm10, 9). Dans ce raccourci magistral de la foi, nous adhérons tout ensemble à l'incarnation, à la passion, à la mort et la résurrection, à la rédemption, donc **au plan d'amour de Dieu sur nous**.

3) Enfin, **il nous faut obéir** au commandement d'amour de Jésus :"Si vous demeurez dans ma parole, vous connaîtrez la vérité **et la vérité vous rendra libres**"

(Jn 8,31-32)(1 Jn 5, 3)(Jn 2, 3-5). Et le commandement donné en sa Parole, c'est le « grand commandement » : « Tu aimeras le Seigneur ton Dieu....et ton prochain comme toi-même » (Mc 12, 28-34).

CONSEQUENCES, POUR NOTRE LIBERTE, DE NOTRE ADHESION AU CHRIST

Contrairement à ce que pensent certains, se placer "dans la main du Père" et y demeurer, par notre adhésion au Christ, entraîne, pour nous, **la seule liberté véritable, celle des enfants de Dieu, celle de l'amour.**
En dehors de la "main du Père", nous ne pouvons, en effet que retomber sous la domination de l'Ennemi. Jésus nous a mis en garde contre cela :"celui qui n'est pas avec moi est contre moi!".Il n'y a pas de milieu possible entre qui est "chaud" et qui est"froid": le Seigneur rejette les"tièdes" (Ap3, 16).
Celui qui sort de "la main du Père" n'est plus libre! Au contraire, celui qui est dans la main du Père, personne ne pourra l'en arracher ! (Jn 10, 27-30).

QU'EST-CE QUI NOUS EMPECHE D'ETRE LIBRES ?

Autrement dit, qu'est-ce qui nous fait sortir de "la main du Père", de la protection toute-puissante de Dieu?
C'est le péché, directement, et par ses conséquences. C'est cela qui nous enchaîne.
Parce que le péché est le choix volontaire :
- de l'infidélité à Dieu
- du mal en tant que refus de l'amour
A cause de cela, le péché altère, jusqu'à la détruire, notre adhésion à Jésus, et change notre relation à Dieu. Il faut distinguer, ici, le péché initial,"originel", du genre humain, et notre péché personnel.

Le "péché" originel crée des obstacles à notre salut, si bien que ce salut ne peut nous advenir que par la rédemption obtenue par le sacrifice du Christ. Ce sacrifice a été accompli dans une solidarité parfaite avec tous les hommes, une fois pour toutes, à la croix.
Mais nous ne sommes pour rien dans ce péché commis aux origines de l'humanité. Par contre, nous en subissons solidairement les conséquences que sont ces obstacles à notre salut cités plus haut.

La solidarité du Christ, vrai Dieu et vrai homme, exprimée dans son sacrifice, vient annuler en quelque sorte les effets de la solidarité des hommes dans les conséquences du « péché originel » et nous rend « libres ».

Le péché personnel, lui, peut nous faire sortir de "la main du Père" et crée des"liens" qui nous"enchaînent" : nous ne sommes plus libres!

Mais notre esprit, lui, n'est pas enchaîné et peut répondre à la sollicitation pour l'amour que Dieu nous adresse et ceci à travers un choix volontaire pour cet amour.
Ce choix, il nous appartient : **personne ne peut le faire à notre place**, ni nous empêcher de le faire.
Aucune action d'un tiers ne peut nous empêcher de choisir l'amour...mais elle peut nous rendre ce choix plus difficile, ainsi que ses applications concrètes, si notre adhésion à Jésus n'est pas très solide, ni entretenue par la "vie en Dieu".
Par contre, si nous sommes vraiment dans "la main de Dieu" et que nous y demeurons, en nous gardant du péché, nous n'avons rien à craindre : **le Tout-puissant nous protège, en raison même de notre choix libre d'adhésion au Christ.**
Pour rendre le bon choix plus facile, nous pouvons et devons demander le secours du Seigneur, en priant **pour être "libérés" de ces obstacles consécutifs au péché**.
Cette prière, nous la faisons de nous-mêmes et nous la demandons aux autres membres de l'Eglise.
C'est la prière habituelle d'intercession, pour la guérison de tout ce qui est "malade" en nous!

LIBERTE ET PREDESTINATION

Qu'est-ce que la prédestination? C'est une doctrine qui a toujours été vigoureusement combattue par l'Eglise, dans la mesure où il s'agit de l'affirmation que, quoiqu'on veuille et fasse, on se trouve, en fin de compte, soit damné, soit sauvé, par une décision préalable de Dieu.
Dieu nous a crées libres afin d'être capables d'aimer, donc capables d'adhérer à l'Amour ou de le rejeter. Aucun pouvoir, concurrent de Dieu, ne peut annihiler cette liberté qu'Il a voulue pour nous et qu'Il nous garantit
La volonté de Dieu, c'est que "pas un ne se perde...."(Jn6, 39). Si nous nous perdons, ce ne peut être que par un choix délibéré, contre l'Amour, en usant mal de notre liberté.
Nous appartenons à Dieu et non à un quelconque autre pouvoir.....tant que nous n'avons pas refusé cette appartenance à Dieu, pour nous "donner" à un pouvoir adverse, qui peut alors, bien évidemment, nous posséder. C'est ce qui advient dans les cas de "possession", survenant après toutes espèces de "pactes" avec Satan..
Certes, notre nature humaine, suite à la "cassure" du premier péché, comporte de nombreuses faiblesses favorisant nos péchés personnels. Mais nos défaillances résultant d'atteintes d'origine familiale, sociologique, humaine, ne peuvent entraîner, malgré nous et malgré notre volonté contraire, une"possession" de notre être par les puissances du Mal.

Cette conviction, qui résulte de notre foi, est d'une importance extrême par rapport à la peur qu'entraîne automatiquement la conviction contraire.
C'est pour cela que de nombreux chrétiens"sociologiques"restent "partagés"entre Dieu et tous les "pouvoirs"adverses.

N'ayant pas vraiment "adhéré" au Christ, ils ne sont pas dans "la main de Dieu" et se sentant, de ce fait "sans protection" ils vont rechercher celle-ci ailleurs.....!
Craignant de tomber sous l'influence de pouvoirs adverses, quoiqu'ils fassent, ils préfèrent pactiser avec ces pouvoirs, réputés maléfiques....mais, croient-ils, efficaces!
A la protection du Dieu d'Amour, ils jugent plus rentable la "protection" du Mal!
Lorsqu'ils s'aperçoivent que c'était un piège… celui-ci s'est déjà refermé sur eux!

Si, au contraire, ils viennent à découvrir Jésus, l'Amour, ils désirent alors rejeter Satan qui, par la peur, les maintenait dans un véritable esclavage!
Mais il est bien évident que les dégâts provoqués par le choix malencontreux de se mettre sous le pouvoir du Mal vont nécessiter :
- de prier pour la délivrance et la réhabilitation de cette personne
- de "réparer" les dégâts en s'aidant d'un accompagnement psycho spirituel et spirituel.

VOEUX, PROMESSES, CONSECRATIONS
LEUR RAPPORT AVEC LA LIBERTE

Avant d'aborder cette importante question, et pour la bien comprendre, il est nécessaire de poser certaines données constituant les jalons essentiels de la compréhension du problème.

Première donnée: Seul Dieu est Tout Puissant!

Rien ne peut résister à sa Toute-Puissance. Certes, il a donné à ses créatures des possibilités d'action, dans de nombreux domaines.
- Ainsi tous les pouvoirs donnés à l'homme sur la création.
- De même, tous les pouvoirs donnés aux anges, en relation avec leur "intelligence" supérieure, et qui, de ce fait, sont capables d'interférer avec les réalités humaines.
Aux uns et aux autres, Dieu a donné la liberté **d'en user pour le bien, dans le sens de l'amour.**
Mais qui dit liberté, dit possibilité de détourner ces pouvoirs dans le sens du mal...mais non la possibilité d'entamer la Toute Puissance de Dieu!

Deuxième donnée : Dieu, l'Unique, est communion trinitaire d'amour infini!
Il est la source de l'amour. **Sa Toute Puissance est au "service"de l'amour, tendue vers l'amour.**

Troisième donnée : Tout homme qui, par l'adhésion de la foi, au baptême, est mis "dans la main de Dieu", ne peut en être arraché par aucun pouvoir extérieur (Jn 10,29).
Par contre, de par sa liberté, il peut s'en échapper, de lui-même. Nous sommes dedans ou dehors, soit l'un soit l'autre :"Celui qui n'est pas avec moi est contre moi."dit Jésus

Quatrième donnée : Dieu nous a crées pour le bonheur, à obtenir dans l'amour. C'est sa volonté que "pas un ne se perde!". Nous avons le choix :
- **Obtenir ce bonheur**, en grandissant dans l'amour, en accordant nos désirs avec l'amour, donc avec le désir même de Dieu, **et donc en suivant Jésus.**
- **Tourner le dos au bonheur, en refusant l'amour,** par la satisfaction des désirs qui, en nous, y sont contraires.

C'est en fonction de ces quatre données, que nous pouvons, maintenant examiner ce que représentent les voeux et promesses que font les hommes, à Dieu...ou à d'autres "pouvoirs!

Ainsi, dans l'exemple que représente le voeu fait par Jephté, rapporté dans le livre des Juges (11,30-39), il y a atteinte flagrante à la Toute Puissance de Dieu, dés le départ, puisque Jephté s'octroie le pouvoir sur une vie qui n'appartient qu'à Dieu. Il y a aussi détournement vis à vis de l'amour, qui est bafoué et, par là même, sortie volontaire hors de "la main de Dieu", refus de suivre la voie tracée par l'amour, et provocation du malheur.

On va voir maintenant, selon les différents cas de figure, ce que sous-tendent les" voeux et promesses", puis les"consécrations".

VOEUX ET PROMESSES

Un voeu ou "promesse" est un engagement, vis à vis de quelqu'un, de se placer dans un certain état de dépendance envers cette personne, avec, le plus souvent, attente d'un bénéfice en retour!
Ce voeu peut concerner celui qui s'engage...ou d'autres.

1) **C'est l'intéressé qui fait le "voeu" le concernant** :
   Si ce voeu est prononcé envers Dieu, le problème essentiel qu'il pose est celui du discernement de l'appel de Dieu auquel ce voeu répond, et des mesures à prendre pour que ce voeu soit accompli pour le mieux, si telle apparaît la volonté de Dieu.
   - Par contre, le problème est tout autre si le "voeu" ne concerne pas Dieu! Un "voeu" fait par quelqu'un envers un"pouvoir" autre que celui de Dieu : par exemple, divinité du panthéon hindou, ou "malgache", ou "comorien", à orientation maléfique (qu'elles n'ont pas toutes, attention!), enchaîne la personne qui l'a fait et qui cesse donc d'être pleinement libre.
   Dans ce cas, **cela peut signifier le désir d'être protégé contre des dangers,**
   Mais le fait de se tourner vers un "pouvoir" autre que celui de Dieu, dénote un manque de confiance en Dieu, en sa bonté, en sa Toute-Puissance. Si c'est fait délibérément, c'est un péché!
Mais ce péché entraîne-t-il un enchaînement définitif?

Non, car la volonté de la personne reste capable de la faire retourner vers Dieu, qui désire nous faire revenir dans la "maison du Père ", entrer dans sa miséricorde. **En se tournant vers le sacrement de réconciliation, on obtient le pardon de Dieu, qui efface le péché du "voeu", comme tous les autres.** Ayant à nouveau, avec le sacrement, adhéré à Jésus, **on se retrouve libre....mais il faut "réparer"**, c'est-à-dire, faire le nécessaire **pour éviter de rechuter.**
La prière a-t-elle sa place dans ce chemin de retour vers la liberté?
Oui, bien entendu! A la fois avant le sacrement de réconciliation, pour demander de l'aborder dans un repentir sincère, mais aussi après, afin d'entamer un véritable processus de réparation, donc l'élimination de toutes ces blessures, ces obstacles, dressés en nous par le péché.
Cette prière doit demander la libération par rapport à tout cela. Elle ne remplace nullement le sacrement de réconciliation, qui a sa propre valeur de pardon et de guérison, mais le complète utilement.....sans, toutefois dispenser du "travail psycho spirituel", souvent nécessaire, qu'effectuera alors un accompagnement adéquat. C'est seulement après avoir réalisé tout cela, dans lequel la "prière" a donc sa place, que la "liberté" sera recouvrée!
Le voeu peut signifier, dans d'autres cas, beaucoup plus rares, heureusement, **la volonté de se donner au Mal**, de faire un pacte avec lui, afin d'obtenir un "pouvoir" en concurrence avec celui de Dieu, basé sur la déception vis à vis de Dieu, ou encore la méfiance, ou, pire, sur la haine vis à vis de Dieu et des autres. Cela est particulièrement grave, car la personne se livre elle-même au Mal. Elle sera certainement tourmentée, harcelée, voire possédée par les puissances du Mal.
Dans ce cas du "voeu au Mal", la volonté de faire le mal pouvant être imparfaite, le Christ ayant vaincu le péché, le Mal et la mort, le Saint-Esprit n'abandonne pas la personne ainsi affligée. Elle peut alors ressentir, à tel ou tel moment, un désir de libération. Elle aura, alors, besoin de recourir à l'Eglise et à la communion des saints d'une manière particulière, pour suppléer aux défaillances de sa volonté et rompre les liens dangereusement contractés.
Selon les cas, qui supposent un sérieux discernement, il sera nécessaire de procéder à une prière de délivrance, ou à un exorcisme par un ministre de l'Eglise habilité à le faire.
Le retour vers Dieu et la libération complète nécessiteront d'ailleurs, parfois, tout un travail de reconstruction de la personnalité. Dans ce travail, un accompagnement psycho spirituel et la prière orientée dans ce sens seront indispensables.

2) Voeu effectué par un autre et nous concernant :
C'est, par exemple le cas de parents qui font un "voeu" concernant leur enfant.

- **Premier cas**
Cela peut signifier : remettre, **donner cet enfant.**
Or, les parents n'étant pas les propriétaires de leur enfant, ils ne peuvent donner ce qui ne leur appartient pas :

Ce don est nul et ne change rien au fait que nos enfants appartiennent bel et bien à Dieu et non à nous!
- **Si c'est à Dieu que les parents ont "offert" cet enfant qui lui appartient déjà**, cela signifie simplement (mais ce n'est pas sans importance), qu'ils reconnaissent la Toute-puissance de Dieu sur eux-mêmes et leur enfant. Mais ce dernier reste libre d'adhérer ou non à Jésus plus tard, lorsqu'il sera en mesure de le faire.
- **Si c'est à un "pouvoir" opposé à Dieu....autrement dit à une "puissance du mal"** que les parents vouent l'enfant, cela ne permet nullement à cette "puissance" de prendre possession de l'enfant, qui appartient toujours à Dieu. **Mais cela constitue une agression** vis à vis de cet enfant, une blessure envers sa dignité, qui peut non pas l'empêcher d'adhérer à Jésus, mais le gêner pour cela.

Sa liberté est alors entravée par les séquelles de l'agression du péché des parents à travers ce "voeu".

Pour cet enfant, qui n'a pas péché, le sacrement de réconciliation n'est pas nécessaire, mais, par contre, **la prière, avec demande de libération des séquelles** qu'il porte, du fait de l'agression, est non seulement utile, mais indispensable. Cela l'aidera à rencontrer Jésus lorsqu'il le désirera.

- **Deuxième cas**

Le" voeu"consiste à disposer non plus de la totalité de la personne de l'enfant, mais d'une partie de ce qui le concerne. C'est choisir, à la place de l'enfant, certaines options.
- Si c'est dans le cadre de l'éducation "normale"de l'enfant, confiée aux parents, ceux-ci ont des options à prendre, mais toujours en respectant le plein exercice, pour le futur, de la liberté de l'enfant.
- Par contre, même s'ils doivent décider, pour l'enfant, d'un certain comportement extérieur (y compris sur le plan religieux), comportement qu'ils jugent nécessaire, par exemple en vue de la cohésion familiale, ils ne peuvent **prétendre imposer une option personnelle profonde** à leurs enfants, dans un sens ou dans l'autre.

A plus forte raison, **ils ne peuvent, à leur place, prendre des engagements définitifs (voeux)** qui les"lieraient" au-delà de la période de leur éducation.

Par exemple, ils ne peuvent prendre, à la place de leurs enfants, des engagements au sacerdoce, à la vie religieuse, au célibat ou au mariage, à l'exercice de telle ou telle profession,..etc. Et encore moins, arguer d'un voeu fait par eux pour les influencer dans ce sens. Un enfant n'est nullement lié, pour le choix de son avenir, par un"voeu" de ses parents. Un tel voeu est nul et non avenu!

Autrement dit, dans le cadre de l'éducation des enfants qui leur sont confiés, les parents n'ont qu'une possibilité de décision limitée.

PROBLEME DES EMPRISES

Par emprises, on entend tout ce qui entrave notre liberté, venant initialement de « l'extérieur », mais modifiant nos réactions au point que, très souvent, celles-ci procèdent de mécanismes installés en nous, que nous ne contrôlons plus vraiment et qui peuvent exister à notre insu.

Ainsi, par exemple, l'emprise du rabaissement systématique de notre personne par nos parents ou nos éducateurs, entraînant un énorme sentiment de culpabilité/infériorité qui commande nos réactions ! Il en sera question dans un autre article.
C'est une cause importante de privation de notre liberté et elle est par conséquent en opposition au plan de Dieu.

PROBLEME DU BAPTEME DES PETITS ENFANTS ET DES "CONSECRATIONS"

Comment se situe-t-il par rapport à la "liberté des enfants de Dieu" et par rapport aux "voeux"?

LE BAPTEME, demandé par les parents pour leur petit enfant, signifie que, aux yeux des parents, le plus grand bien qui puisse survenir à leur enfant est d'être remis sur le chemin du salut, dont l'humanité entière a été déroutée, solidairement, par la révolte de l'homme vis à vis de Dieu.
Le sacrifice d'amour du Christ fait bénéficier solidairement tout homme, qui répond à la grâce par la foi, c'est-à-dire par l'adhésion à Jésus-Christ, de ce qui est nécessaire pour le salut. Ceci, entre autres, par la suppression de nombreux obstacles venant des séquelles des agressions subies dans notre nature humaine.
En aucune façon, le sacrement du baptême opère d'une façon magique qui dispenserait l'intéressé de **son adhésion personnelle à Jésus**, et de ce qui en découle, lorsque sa maturité lui permettra de le faire. Il doit, au contraire, à ce moment là, affirmer solennellement son adhésion personnelle au Christ, faute de quoi son baptême serait inopérant sur le plan du salut, frappé d'inefficacité en quelque sorte.
C'est d'ailleurs pour cette raison qu'on ne peut donner suite à la demande de certains adultes à être"débaptisés"...puisqu'ils ont déjà rendu nuls les effets de leur baptême, par leur coupure volontaire avec le Christ.

LES CONSECRATIONS

Qu'est-ce que consacrer...un autre ou soi-même?
1) Ce peut être : dédier une partie plus ou moins importante de ce que l'on est, de ce que l'on a (temps, argent...), à Dieu ou à une "divinité", voir à une "cause"! Mais cela, **on ne peut le faire que pour soi-même**.

2) Par contre, **si "consacrer" consiste à confier à la protection divine**, on peut le faire aussi pour les autres. Certes, alors, cela n'entache pas la liberté de celui que l'on confie, lequel restera, en fin de compte libre d'accepter ou refuser.
Mais cela peut quand même avoir une incidence non négligeable sur lui.
Ainsi, si je confie mon enfant à un mauvais établissement scolaire, les résultats s'en feront sentir.

Par conséquent, nous ne devons pas "consacrer" quelqu'un, dans le sens de le "confier à la protection", à n'importe qui!
Si nous"consacrons" ainsi quelqu'un à un "ami de Dieu" avéré, tel qu'un saint, **et en particulier Marie,** en tant que mère du Christ, nous pouvons nous attendre à son intercession efficace dans la communion des saints, en faveur de cette personne.
Par contre, nous nous méfierons **de l'ambiguïté de certaines "consécrations"**. Par exemple, il faut savoir que, pour certaines personnes, la"vierge noire" représente non pas Marie, mère de Jésus, mais....une déesse hindoue bien connue n'ayant rien à voir avec elle.
De même pour la confusion entre Saint Expédit et Mourouga, lequel, bien qu'il ait une orientation vers le Bien, n'est peut-être pas l'idéal pour une "consécration" dans l'optique chrétienne.

En abordant ce problème des voeux et des consécrations, on n'a pas envisagé le cas particulier des **pactes avec Satan.** Dans ce cas, **il s'agit d'actes de soumission au Mal.** Cet acte entraîne la possession, par Satan, de la personne qui prononce ce "voeu" et l'incapacité, pour elle, de se débarrasser, même par acte volontaire, de l'envahissement malin de toutes les structures de sa personne...à l'exception de la fine pointe de son esprit où un choix différent est toujours possible. Mais ce choix est sans action sur tout ce qui est infesté par le Mal et le restera jusqu'à ce que **l'exorcisme** pratiqué"au nom de Jésus", par qui de droit (et pas par n'importe qui), ait chassé autoritairement Satan et ses copains.
Même après cette remise à neuf, il y a **grand besoin de prière pour consolider** la guérison qui peut ne survenir qu'en plusieurs étapes et non pour chasser celui qui est déjà parti! ......comme nous l'avons vu plus haut.

OUI, NOTRE LIBERTE A UN PRIX : JESUS L'A ACQUITTE POUR NOUS PAR SON SANG, mais il nous demande notre **participation!** (Col 1,24).

CHAPITRE 4

LE PECHE

Dans le chapitre traitant de la liberté, nous avons vu qu'un des obstacles à cette liberté était le péché. Il nous faut donc voir clair dans ce qu'est exactement le péché et dans ses conséquences. Jésus, à ce propos, a réagi vis-à-vis de ceux qui « culpabilisaient » leur prochain (Mt 12, 7).

Question : Qu'est-ce que le péché ? Comment le reconnaître sous ses divers aspects ?

C'est l'Esprit Saint qui nous montre ce qu'est notre péché. Mais cette révélation, qui est grâce de Dieu, s'accompagne de la révélation de la miséricorde de Dieu pour les pécheurs que nous sommes. Par conséquent, si, voyant mon péché, je me condamne, c'est signe que ce n'est pas mon péché que je vois....mais quelque chose qui n'en est pas!

Le Malin cherche, en effet, à entretenir en moi **une confusion telle que je ne puisse plus voir mon véritable péché, afin que je m'éloigne de la Miséricorde de Dieu.**

Comme dans la parabole du fils prodigue (Lc 15 ,11-32), le Père, au moment même ou je découvre les dégâts que j'ai faits à l'Amour, m'invite aussitôt à entrer dans la joie du pardon.

Il est donc de la plus haute importance, pour nous, de ne pas confondre le péché avec ce qui n'en est pas!

Est péché tout ce qui est atteinte volontaire, consciente et délibérée à l'amour. Que cette atteinte se fasse par la pensée, par l'action, ou par l'omission. Ce péché vient de ce que notre volonté est allée à l'encontre du **contrôle spirituel** que notre relation d'amour avec Dieu exerce normalement sur nous.

Par contre, tout ce qui relève simplement du sentiment de culpabilité n'est pas péché !

Or, c'est souvent cela que nous considérons comme le péché, et qui nous empêche de voir notre péché véritable. Il nous faut donc différencier du péché ce qui est infraction ou faute et, pour cela, comprendre comment nous fonctionnons sur le plan « moral », comment sont contrôlés nos pensées et nos actes !

- **LES TROIS CONTROLES** de nos pensées, actions ou omissions :

Nos désirs nous poussent à imaginer, penser, agir...ou, au contraire, éviter d'agir. Mais ils se heurtent à trois réalités qui les **contrôlent**, et qui sont :

- **Les autres**, c'est à dire la société avec toutes ses structures, ses règlements, ses lois, en fonction desquels nous allons régler nos actions.

Ces règlements nous sont extérieurs, imposés et nous les subissons, souvent d'ailleurs en les critiquant. Le type en est le code de la route. Je m'y soumets à cause du regard des autres sur moi. D'ailleurs, dès que je ne sens plus ce regard répressif, je me dispense d'obéir à ce règlement.

Ainsi, par rapport au code de la route, si je vois qu'il n'y a aucun gendarme dans les parages, mon comportement sera probablement autre qu'en leur présence.
Si je suis soumis à ces règlements qui viennent des autres, je suis un " bon "citoyen.
Si je suis rebelle, je suis en" infraction " et donc " hors la loi ".

- **Ma conscience :** C'est le deuxième contrôle. Il ne concerne plus une "loi" qui m'est restée extérieure, mais une loi que j'ai faite mienne en l'intériorisant. J'ai accepté le système de valeurs morales de mes parents, de mes éducateurs, de mon milieu. C'est ainsi, par exemple, que le roi David avait intégré comme système de contrôle la Loi de Moïse.

Par rapport à notre conscience, nous pouvons être soumis ou rebelles.
La soumission nous donne "bonne conscience".
Si nous sommes rebelles, nous sommes en faute.
Ainsi, par exemple, commettre une impolitesse va contre ma conscience : si je me montre impoli, je suis en faute!

- **L'Alliance nouvelle et éternelle avec Dieu :** C'est le contrôle au niveau spirituel.

En entrant dans cette alliance, par le combat spirituel, je lutte contre la tentation de ne pas suivre l'amour, de m'en détourner, de m'y opposer. Mais, si je suis rebelle à l'amour, en rupture d'alliance, je chute alors dans le péché, le véritable. Ainsi, par exemple, tant que David a mis toute sa confiance en Dieu, il est resté dans l'Alliance d'Amour...qu'il a délaissée lorsqu'il a mis sa confiance en ses propres forces et non plus en Dieu. De fidèle à l'Alliance qu'il était jusque-là, malgré ses infractions et ses fautes, il est devenu infidèle (2 Sam 24, 10).
A ce niveau, ce qui doit déterminer nos pensées, nos actions...c'est la Loi d'amour, le premier commandement...et le second qui lui est semblable : « tu aimeras....... ».

MOTEURS DE NOS ATTITUDES

Aux trois niveaux de contrôle que nous venons de voir, qu'est-ce qui nous fait agir?
<u>Au niveau de la Loi extérieure</u> (des règlements), c'est **la peur**!
Cette peur, c'est essentiellement celle de la punition et des souffrances qui en résulteraient
<u>Au niveau de la Loi intériorisée</u> (conscience), c'est le désir d'être **conforme au regard** des autres et au regard de ma conscience. Je dois être pur au regard des autres, à mon propre regard.
J'aurais honte que l'on puisse me reprocher quelque chose, ou que j'aie quelque chose à me reprocher en conscience. Là-dedans joue à plein mon "sentiment de culpabilité", la honte de moi. Et c'est surtout pour y échapper que je vais "me tenir tranquille".
<u>Au niveau de l'Alliance d'amour</u>, c'est **l'amour** qui est le moteur de mes attitudes, le désir d'être aimé et d'aimer!

Au premier niveau, ce sont les autres qui me"coincent".

Au second, c'est surtout moi-même...mais aussi les autres dans la mesure où je guette leur jugement à mon égard, en raison de mon "sentiment de culpabilité" et où je donne à ce jugement une importance qu'il n'a pas, en réalité.

Au troisième niveau, je ne suis pas "coincé", mais aimé, et cela devrait tout changer! Malgré mon péché, je suis aimé et, si j'entre dans le repentir (la douloureuse joie du pardon), je suis pardonné, rétabli comme fils bien-aimé, transformé dans mon agir.

SITUATION ET RESULTAT AUX DIFFERENTS NIVEAUX

AU NIVEAU DE L'INFRACTION

Deux situations possibles:
- Soit j'ai échappé au contrôle : " pas vu...pas pris ".Je suis donc quitte avec la loi. Aucune raison pour que je change : je recommencerai une infraction à la première occasion.
- Soit je suis pris (hélas!). Je suis alors condamné, c'est-à-dire reconnu responsable et coupable.

Je dois payer. A la suite de quoi, je suis quitte, mais pas vraiment converti : à la prochaine occasion, je regarderai mieux pour m'assurer que je ne suis pas vu. J'éviterai....de me faire prendre.

AU NIVEAU DE LA FAUTE

Ma "bonne conscience" vient d'être prise en défaut. **Moi qui proclame volontiers :"j'ai pas tué, j'ai pas volé..!"**, j'étais sans tache apparente et je ne réalisais pas que"même si ma **conscience** ne me reproche rien, je n'en suis pas justifié pour autant! "(1Cor 4, 4). Ayant commis une faute, j'ai deux solutions possibles :
- **Soit je m'excuse** simplement et dés lors je suis "excusé", déresponsabilisé mais non converti!
- **Soit je reconnais mes limites**, mais je culpabilise par rapport à l'idéal de ma conscience. Que faire alors?
- **soit je "baisse la barre"**: Par exemple, je vais "m'autoriser" à faire des magouilles que jusqu'ici je condamnais. Autrement dit, je change mon "code moral" pour l'adapter aux exigences de ma situation. Je relativise ce que me dictait ma conscience. Cette relativisation est rendue plus facile de nos jours par le fait que l'information circule entre des groupes humains qui n'ont pas tous les mêmes règles morales. Il peut donc être tentant de choisir dans celles-ci ce qui est le plus petit dénominateur commun.....autrement dit, ce qui est le moins astreignant et le plus laxiste.
- **Soit je fais un effort de conversion envers mon code moral** (autrement dit, ma conscience). Fort de mon expérience, je vais essayer de m'améliorer. Mais je reste empêtré dans mon "sentiment de culpabilité". Dés lors, je peux réussir à éviter les "fautes".

Mais cette réussite ne sera, la plupart du temps, que très temporaire et je retomberai sans cesse dans les même "fautes", en me désespérant d'y tomber. Ou alors, les efforts démesurés que je vais faire pour être conforme au regard des autres et à celui de ma propre conscience vont m'épuiser. D'où naufrage dans la déprime, ou bien encore, pour échapper à cette situation de souffrance extrême, évasion dans le sentimentalo-mystique.

Tout cela parce que je ne me suis situé qu'au niveau de cette "vie" que je me suis construite moi-même, par mes propres forces, en dehors de l'amour et dans la seule conformité à mon "point d'orgueil".

AU NIVEAU DU PECHE

C'est par la grâce de Dieu qu'il m'est donné de prendre conscience de ce qu'est mon péché et des dégâts qu'il a faits vis à vis de l'Amour : c'est cela la **conscience de culpabilité**. Elle doit remplacer en moi le sentiment de culpabilité. C'est le cri de David, réalisant qu'il a péché en retirant sa confiance à Dieu pour la placer en ses propres forces (2 Sam 24,10) et rompre ainsi l'Alliance d'amour.

Dès lors, me reconnaissant responsable, mais pardonné grâce à la Miséricorde de Celui qui m'a sauvé par amour, j'entre dans **la "douloureuse joie" du repentir**. C'est la joie du fils prodigue qui a enfin compris de quel amour son père l'aimait...et lui pardonnait.

Je m'ouvre alors à la véritable conversion : je ne me "sens" plus jugé et condamné, mais aimé infiniment, dans mon état même de pécheur, dans ma faiblesse et ma vulnérabilité : je suis libéré!

Par contre, dans une deuxième hypothèse, je puis refuser de reconnaître que j'ai porté atteinte à l'amour : je suis alors dans **l'illusion**. Cette attitude ferme la porte à la miséricorde. Pas de miséricorde possible pour moi, malgré tout le désir de Dieu et aucune miséricorde, de ma part, envers les autres. En effet, dans ce cas, il n'y a pas de conversion!

COMPLEXITE DES PROBLEMES CONCRETS

Dans le concret de notre vie, les choses se présentent de façon souvent mointranchée. Les différents niveaux de contrôle peuvent être imbriqués.

Ainsi, alors que je suis, apparemment, au niveau de la loi extérieure, je puis être aussi au niveau de l'alliance d'amour. Ce serait le cas de quelqu'un qui fait une entorse au code de la route dont les conséquences pourraient être lourdes au niveau de la charité, du respect et de l'amour du prochain.

Il est évident que, si je fais un dépassement dangereux en toute connaissance de cause, je ne suis pas seulement en infraction, mais aussi et surtout, en état de péché.

Je puis aussi être en règle avec la loi (la loi qui permet l'avortement par exemple) et accusé par ma conscience.

Ou bien encore, dans les mêmes circonstances, en accord avec ma conscience (car j'aurai " baissé la barre "), mais en rupture avec l'alliance d'amour, donc en état de péché. Autrement dit, rassuré parce que "tout le monde fait comme ça!", je sais, cependant, au fond de moi, que ce que je fais est contraire à l'amour : c'est donc alors un péché!

A l'opposé, parfois, ceux qui nous entourent veulent nous culpabiliser par rapport à des actes qui, n'étant pas contre l'amour, ne sont nullement des péchés.....et dont l'évitement, au contraire, pour certains d'entre eux et dans certaines circonstances, serait vraiment manquement à l'amour, et donc péché.

En fin de compte, c'est bien l'appréciation de tous les actes de notre vie par rapport à l'amour qui doit orienter nos choix!

DIVERSES SORTES DE PECHES

SELON L'INTENSITE DES DEGATS

Les dégâts, ce sont les altérations que réalise le péché en nous et d'abord dans notre relation à Dieu.

Au maximum, les dégâts peuvent réaliser une telle coupure entre Dieu et nous, que la Vie surnaturelle, la Vie même de Dieu en nous, est tarie, se retire de nous, pour faire place à un état de "mort "....d'où, dans ce cas , la qualification de "péché mortel"!

Des dégâts moindres se traduiront par un affaiblissement de la Vie surnaturelle en nous. C'est dommageable : c'est le "péché" véniel!

SELON L'ORIGINE

On oppose généralement :
- **péché originel**
- et **péché personnel**

Le premier concerne toute l'humanité. Mais cette humanité, solidaire dans le péché, l'est aussi, en même temps, dans la grâce du salut apporté par le Christ. Ces deux volets de la solidarité humaine sont indissociables : l'un ne va pas sans l'autre et ils jouent simultanément.

Le second, concerne chaque humain individuellement, du fait de sa responsabilité d'homme libre.

En fait, ce qui atteint toute l'humanité, dans le "péché originel", ce sont **plutôt les conséquences** du péché personnel commis par les premiers humains. Ceux-ci, en rompant volontairement avec Dieu, en faisant obstacle à l'Amour, ont transmis à leurs descendants, que nous sommes, leur propre méfiance vis à vis de Dieu et leur désir de trouver leur bonheur en eux-mêmes et par eux-mêmes.

Il en est résulté, pour tous, une incapacité à réaliser le bien et une propension à accomplir le mal.

Il existe une autre sorte de péché :
- **Le péché de structure**

Celui-ci met en jeu la solidarité, non pas de toute l'humanité, mais d'une catégorie d'individus : sociale, ou ethnique, professionnelle, religieuse, voir familiale et, dans ce cas, on peut alors parler de péché de "lignée", dans la continuité des générations.

Là aussi, il y a eu, initialement, acte de péché : opposition à Dieu manque de confiance, obstacle à sa volonté. Il en résulte des conséquences pour les générations suivantes.

Ainsi, on retrouve ce péché de structure dans la décision des juifs de se donner un roi (1 Sam 8).

Le Seigneur ne s'y trompe pas (verset 7) :"ils ne veulent plus que je règne sur eux!", dit-il à Samuel.

Les conséquences de ce péché de structure vont se retrouver dans les générations suivantes :

On voit comment le roi David, ainsi que ceux qui sont autour de lui, ne jugent plus sainement du bien et du mal (2 Sam11). David va "baisser la barre de sa conscience" et se permettre non seulement l'adultère, mais aussi le crime, sans même se rendre pleinement compte de la gravité de cet acte, qui, de ce fait, est peut-être plus "une faute" qu'un péché, malgré son caractère horrible (2 Sam12,5).

En fait, c'est tout le peuple, en commençant par les proches de David, tels que Joab, qui est de connivence dans ce péché de structure :

Tous sont devenus incapables de voir en quoi leur attitude déplait à Dieu, puisqu'elle va contre l'amour!

Il en est de même lorsque toute une catégorie d'hommes s'accorde, souvent tacitement, pour entretenir une **situation d'injustice** : par exemple, pour défendre des privilèges qui, faisant obstacle au bien commun, profitent à quelques-uns, au détriment du bien légitime de tous les autres.

Ainsi en est-il dans la pratique systématique du "piston", de la concussion, de la magouille en politique.

De même, il y a péché de structure dans la pratique de l'esclavage, dans le refus de leurs "droits d'homme" aux plus faibles, tels que les enfants à naître auxquels on dénie le droit à l'existence.

Dans tout "péché de structure", il y a altération du discernement entre bien et mal, à partir d'une altération des relations normales entre les hommes et cela à cause d'un péché initial.

Ce péché initial, qui a altéré la structure en lui donnant une potentialité mauvaise, est le fait d'un seul ou de quelques uns et non de tous ceux qui, ultérieurement, en subiront les conséquences. C'est un péché personnel. C'est une rupture consciente de l'alliance avec Dieu, une atteinte volontaire envers l'amour et destructrice de la Vie surnaturelle.

Par contre, pour ceux qui, ultérieurement, seront dans cette structure de péché, les mauvaises actions commises du fait de l'altération de leur discernement, pourront relever simplement de " l'infraction", ou de la "faute", sans qu'il y ait véritablement de péché puisque le "jugement" de l'intéressé est "obscurci". L'horreur même de certaines actions commises peut échapper à leur auteur et devra être dénoncée par Dieu! Ainsi dans l'histoire de David auquel Dieu doit envoyer son prophète Nathan pour lui faire prendre conscience de ce qu'il a fait.

Dans cette même histoire de David, il y a "péché personnel" net dans l'affaire du recensement (2 Sam 24). Ce n'est plus la "structure" qui est en cause dans ce projet de David de procéder au recensement de ses forces militaires. C'est, bel et bien la tentation de mettre en lui, en ses forces, sa confiance et non plus, comme auparavant, en Dieu : C'est une rupture délibérée avec Celui-ci, un refus d'amour dans l'ingratitude et l'orgueil, un péché!

D'ailleurs, il va le commettre contre l'avis formel de ses proches : Joab tente de l'en dissuader...en vain! David va assumer seul cette responsabilité et, seul, réaliser qu'il a gravement péché (2 Sam 24,10).

RESPONSABILITE ET SOLIDARITE A PROPOS DU PECHE

Dans le "péché originel", notre responsabilité personnelle est nulle : ce n'est donc pas imputable aux humains que nous sommes. Par contre, **la solidarité humaine** y joue à fond. C'est elle qui va nous obtenir, à partir du Christ qui l'assume pleinement et volontairement, par amour, la grâce du salut.

Dans le péché de structure, la solidarité humaine ne va jouer que dans la mesure où nous entrons dans cette structure :
- soit par inconscience, sans nous rendre compte, sous la pression de la structure en question.
- soit que, consciemment, nous entrons en complicité avec cette structure, par exemple pour en retirer des avantages. Dans ce cas, notre responsabilité personnelle entre en jeu!...... Plus je m'éloigne de la "loi extérieure" imposée par la structure, ou de la "loi intériorisée dans ma conscience", en refusant catégoriquement l'amour et plus ma responsabilité augmente. Je risque alors le "péché personnel".

Dans l'histoire de David, on a vu comment l'adultère et le crime ont été favorisés par cette structure qu'était la configuration socio - politique du royaume d'Israël. En fait, le roi et ceux qui l'entouraient avaient une lourde responsabilité dans l'altération des relations humaines normales...dont ils tiraient certains bénéfices personnels et qu'ils ne voulaient donc pas changer.

Dans l'histoire de chacun de nous, le véritable péché survient lorsque, placés devant le choix de suivre l'amour ou de le rejeter, nous optons pour ce rejet. **C'est alors une rupture d'alliance personnelle entre chacun de nous et Dieu.**

Ce choix personnel n'est pas forcément visible de l'extérieur : Dieu seul et chacun de nous en ce qui le concerne, le connaissent.

CONSEQUENCES DU CHOIX PERSONNEL

C'est du choix caractérisé entre l'amour ou le péché, que vont découler des conséquences, de façon **quasi automatique**.
Ceci apparaît clairement dans la parabole du "jugement dernier"(Mt 25, 31-46).
C'est sur la place accordée par nous à l'amour (ou refusée) que nous serons jugés. Lui avons-nous donné la première place dans notre vie, dans notre"échelle des valeurs"?
Si oui, alors, notre intelligence, nos facultés psychiques d'attention, d'observation et finalement tout notre être seront au service de l'amour, attentifs à ce qu'il réclame.
Ainsi pourrons-nous détecter les besoins de nos frères (sans même qu'ils soient obligés de nous solliciter): qu'ils soient "affamés, nus, en prison...etc. Et, de plus, nous serons "étonnés" qu'il puisse en être autrement.
Au contraire, si nous avons fait passer en premiers l'intelligence, la réussite, l'argent, le pouvoir....avant l'amour, toutes nos facultés seront détournées de ce dernier, sans même qu'on s'en aperçoive. Une cascade d'attitudes contraires à l'amour en résultera automatiquement, sans que l'on réalise ce qui nous arrive, et nous serons aussi "étonnés" que les "maudits" de la parabole.
Tout ce mal aura découlé du mauvais choix initial, contre l'amour!

Dans le "péché d'origine", ce n'est pas nous qui avons provoqué, par ce choix initial, la coupure avec Dieu et ses conséquences : impossibilité, pour l'homme, livré à lui-même, d'aller de "l'image à la ressemblance. Mais nous sommes **solidaires aussi, dans la grâce du salut apporté par le Christ**, et qui nous rétablit pleinement sur ce chemin vers la ressemblance.
Il nous reste alors à faire les choix personnels pour l'amour qui nous sont demandés dans notre vie!
Au niveau du péché de structure, le péché initial ne relève pas, non plus, de notre responsabilité.
Notre péché personnel n'est pas dans l'appartenance à cette structure, si nous nous y trouvons sans l'avoir souhaité ou voulu. Par contre, il pourrait exister dans le choix personnel conscient de bénéficier des injustices mises en place dans cette structure, au lieu de redresser ce qui pourrait l'être, et dont nous aurions pris conscience.

CHAPITRE 5

DE L'IMAGE A LA RESSEMBLANCE

Dans le chapitre 2, nous avons examiné le projet de Dieu sur l'homme, projet de bonheur devant l'amener, de l'image de Dieu qu'il est au départ, jusqu'à la ressemblance suffisante à Dieu pour pouvoir entrer dans la Vie même de Bonheur de Dieu ! Cette trajectoire, l'homme doit la réaliser en satisfaisant le besoin fondamental d'être aimé et d'aimer !

QUESTION : Comment, pour l'homme, réaliser cette trajectoire de « l'image à la ressemblance » ?
Cette trajectoire, l'homme doit la réaliser **en satisfaisant au mieux son besoin fondamental d'être aimé et d'aimer** car sa vie sur terre est **un apprentissage d'amour en vue d'entrer dans le Royaume.**

QUESTION : Qu'est-ce donc que ce besoin fondamental de l'homme ? Comment se situe-t-il parmi ses autres besoins ?

- LE BESOIN FONDAMENTAL ET LE DESIR CORRESPONDANT

Ainsi, il y a en l'homme un besoin primordial, fondamental, qui est celui d'être aimé et d'aimer. Ce besoin comporte les caractéristiques de tout besoin, à savoir qu'il révèle la possibilité de recevoir un plus. Cela peut accompagner la réalité d'un manque, mais aussi cela peut dénoter **une capacité à recevoir ...encore plus.** Pour l'homme, il existe en lui une capacité à recevoir de l'amour à partir de la source de l'amour qui est Dieu et il est sollicité pour cette réception. De lui-même, il ne peut s'emplir d'amour de façon satisfaisante. Pour satisfaire ce besoin (par rapport au manque correspondant), l'homme effectue en lui-même une démarche pour obtenir cette satisfaction. La démarche pour satisfaire un besoin s'appelle un désir !
C'est le désir de satisfaire le besoin fondamental qui va mobiliser l'énergie de notre être tout entier : corps, âme, esprit, tout au long du chemin qui mène à la réalisation finale du désir fondamental dans la plénitude du bonheur.
Mais sur ce chemin nous ressentons de nombreux besoins, suscitant des désirs, et dont nous devons discerner s'ils nous conduisent vers le bonheur ou vers le malheur!

NON REALISATION DES DESIRS

Lorsqu'un besoin est insatisfait et le désir correspondant non réalisé dans le concret, il y a **souffrance.**
- **Si c'est le besoin fondamental qui n'est pas satisfait, la souffrance correspondante sera fondamentale, en opposition totale avec le bonheur** (et, à la limite, c'est la damnation).
- Si ce sont des **besoins secondaires** qui sont insatisfaits et des désirs secondaires qui sont non réalisés, il y a aussi survenue de souffrance. Mais, dans la mesure où l'homme est en marche vers la réalisation de son désir fondamental dans l'amour, il coexiste avec cette souffrance et malgré elle, un **bonheur** qui est la joie qu'apporte l'amour et qui représente comme «la toile de fond de la vie. Ainsi, on peut être heureux, malgré certaines souffrances, à condition d'être en concordance avec l'amour.

REALISATION DES DESIRS

- **Il y a plaisir si un désir est réalisé et le besoin qui était à l'origine, satisfait de ce fait.**

Mais si le désir est opposé au besoin fondamental de l'homme, le plaisir qu'apporte sa réalisation ne peut pas donner de véritable bonheur. Ainsi, l'on voit des personnes qui, de l'avis de tous, ont "tout ce qu'il faut pour être heureuses"...et qui, malgré tous les plaisirs qu'elles goûtent, n'ont ni bonheur ni joie et qui sont même parfois en pleine déprime et dans un état de souffrance chronique intense. **Cela signe une non correspondance avec le besoin fondamental qui est en elles**. Cette "vie de malheur" peut être habilement camouflée par des personnes qui "s'éclatent" mais souffrent intensément

- Si le désir n'est pas en opposition avec le "désir fondamental de l'homme", le plaisir qu'il procure peut tout à fait être **un soutien pour l'homme** dans son cheminement vers la "ressemblance" et donc reçu de Dieu avec gratitude, car un tel plaisir est bon!
- **Si, encore mieux, le désir procède d'un besoin parfaitement en accord avec le besoin fondamental d'amour**, sa réalisation entraîne un plaisir accordé à la volonté même de Dieu, donc très bon!

Au total, il y a donc de vrais besoins et de faux besoins, des plaisirs bons, qui mènent au bonheur, et de mauvais plaisirs, qui en détournent!

Mais la satisfaction de **ce besoin fondamental** se heurte à une réalité qui est la **blessure de la nature humaine**. En voulant réaliser son BONHEUR par lui-même en opposition à l'offre d'amour de Dieu, l'homme a dévié de la trajectoire qui devait le mener au bonheur. Ce fut la blessure et la « chute » !

En apportant aux hommes le salut, le Christ leur a offert de retrouver le chemin menant à la « ressemblance », en les rétablissant, par l'amour, dans la trajectoire qui mène au « Royaume »!

QUESTION :
COMMENT L'HOMME BLESSE REPOND-T-IL A L'OFFRE DE SALUT ?

Pour aller vers la "ressemblance", l'homme, être d'amour, doit croître en amour et en personnalité à travers sa relation avec Dieu et avec les autres hommes (et aussi les créatures célestes), dans une **dynamique dont l'énergie est fournie par ce besoin et désir infini d'être aimé et d'aimer que l'homme porte en lui.**

C'est cela qui le pousse vers le but et qui s'exprime en lui par **deux forces d'amour** qui sont : **l'affectivité profonde et la combativité.**

Ces dénominations anciennes peuvent paraître désuètes, mais nous les garderons car elles sont courantes.

LES FORCES D'AMOUR EN L'HOMME

Elles sont donc au nombre de deux, qui correspondent :
- L'une au besoin infini d'être aimé, c'est"l'affectivité profonde"
- L'autre au besoin infini d'aimer, c'est la "combativité".

Elles représentent, en quelque sorte, l'une l'accueil de l'amour et l'autre le don de l'amour.
Ces deux forces sont présentes en tout homme, mais s'expriment de façon variable, même si un choix négatif par rapport à l'amour les a enfouies, parfois profondément. Ces forces d'amour vont être malmenées par des forces destructrices qui proviennent directement ou indirectement du Mal (c'est à dire du rejet de l'amour).

LES FORCES DESTRUCTICES DE L'AMOUR

Il y en a plusieurs, dont la relation au Mal est directe ou indirecte, mais dont l'impact sur l'amour est toujours négatif.
1. *La souffrance de la "séparation"* : cette dernière est une nécessité en vue de l'élaboration de l'identité. Ainsi, la naissance, pour l'enfant, est une première étape pour l'acquisition de son identité par rapport à celle de sa mère, mais elle est, pour lui, une souffrance.

Mais, la séparation n'est souffrance que depuis la séparation de l'homme par rapport à Dieu et à cause d'elle. C'est la volonté de l'homme d'avoir sa plénitude en lui-même et en dehors de Dieu qui a provoqué la rupture, la souffrance d'une séparation qui n'était pas voulue par Dieu, mais qui a été réalisée par l'homme. Ainsi, la naissance devient-elle souffrance, à tel point qu'elle est citée par le Bouddha comme la première source de souffrance de l'homme (la souffrance étant causée, d'après lui, par la séparation vis à vis de ce que l'on désire). Avant la rupture volontaire de l'homme par rapport à Dieu, la séparation était vécue dans la confiance de l'intimité avec le Créateur, sans souffrance! **C'est du fait de la chute que la séparation est devenue possiblement destructrice par rapport à l'amour.**

2. *L'agression du Mal....c'est à dire du péché*, puisqu'il s'agit du refus de l'amour, du don d'amour, aboutissant à priver l'homme de l'amour qu'il attend légitimement. En effet, du fait de son besoin infini d'être aimé, l'homme ressent l'effet destructeur de la privation de l'amour attendu et non reçu (du moins à ce qu'il pense).Tout péché dont nous subissons les effets est destructeur vis à vis de notre affectivité profonde. Tout péché que nous commettons est destructeur vis à vis de notre "combativité", c'est-à-dire de notre aptitude à aimer efficacement.

Mais il n'y a pas que le péché qui puisse entraîner des dégâts au niveau de nos "forces d'amour". Celles-ci peuvent être agressées par tout acte d'autrui, neutre, voir même bienveillant, **mais mal interprété** par nous du fait, par exemple, de notre méfiance.

Cette méfiance, elle est en nous avant même l'acte qui nous agresse, et nous incite à une interprétation en mal de l'attitude des autres....tout simplement parce que notre coeur est plus porté à la critique méchante qu'à l'amour, en raison de notre nature méfiante .C'est donc encore le refus d'amour qui a joué, mais indirectement et déjà antérieurement à l'acte lui-même. **En fin de compte, c'est toujours le Mal qui est en cause, de près ou de loin, dans ces agressions vis à vis de nos forces d'amour.** L'effet de ces agressions va entraîner, de toutes façons, des blessures.

LES BLESSURES

Ce sont les conséquences des agressions directes ou indirectes du Mal. Elles atteignent les trois composants de notre personne : Corps, âme corporelle et spirituelle, esprit, provoquant diverse atteintes :

1. *les blessures de la mémoire* entraînent l'oubli de ce que nous sommes, c'est-à-dire de notre qualité d'enfants de Dieu, l'oubli de notre destinée, de notre "histoire sainte". A la faveur de cet oubli, l'inconscient tend à déborder le conscient, à l'obscurcir et le brouiller.
2. *Les blessures de l'imagination*, elles, portent à **l'illusion**, à la préférence donnée à l'imaginaire par rapport à la réalité. Ainsi, elles favorisent hallucination et délire, décollage par rapport au réel. Dans cette **illusion,** on croit pouvoir disposer de tout, tout de suite et pour nous, à notre guise, ce qui favorise les convoitises.
3. *Les blessures de l'affectivité* nous portent à la "convoitise". Le manque ressenti par rapport à l'amour attendu de la part des autres est d'autant plus important que nous nous sommes coupés de la Source de l'Amour qui est Dieu. Ce manque douloureux nous pousse alors à rechercher autour de nous tout ce qui nous parait susceptible d'y palier, susceptible d'étancher notre soif d'amour (dont nous n'avons peut-être pas conscience, d'ailleurs). Dés lors, **nous allons remplacer le véritable amour par des produits de remplacement** tels que l'argent, le pouvoir, le sexe débridé, la "bouffe"...etc....Nous allons capter l'amour des autres, par peur de manquer, sans nous soucier de donner. C'est cela la convoitise!
4. *Les blessures de l'intelligence* entraînent la distorsion de celle-ci. La raison seule prétend tout connaître et résoudre, sans Dieu. Elle aboutit à la **confusion entre le bien et le mal**. L'intelligence se déconnecte de l'amour et ainsi la lucidité se change en jugement, l'orgueil n'a plus de borne. Il en résulte même une interprétation défectueuse de la Parole de Dieu et de tous les événements. Tout est ressenti comme agression de la part des autres et surtout de la part de Dieu : ainsi pour la souffrance de l'enfantement, le caractère pénible du travail, l'horreur de la mort (Gn 3,16-19).Tout devient interprété dans le sens d'une malédiction : par exemple, la fermeture de l'accès à l'arbre de vie, après la chute....semble être une punition, alors qu'elle va éviter à l'homme une vie sans fin, définitivement coupée de Dieu.

De même, nous jugeons Caïn à partir de son crime (Gn3, 22) alors que Dieu va lui montrer sa compassion (Gn4, 15).
5. *Les blessures de la sexualité* rendent celle-ci **ambiguë :**

Au lieu d'être uniquement au service de l'amour, elle s'oriente vers l'égoïsme, se détourne de l'amour. Les dégâts des blessures de notre « âme corporelle » débordent le plan psycho affectif proprement dit et gagnent aussi bien le plan corporel que l'âme spirituelle et l'esprit lui-même. Nous pouvons être touchés dans notre globalité !

6. **Ainsi, la volonté, blessée**, devient incapable de s'orienter vers le Bien efficacement :"il y a deux hommes en moi..", constate Saint-Paul (Rm7, 14-25). Détourné du bien qu'il voudrait faire, l'homme charnel, le"vieil homme"semble l'emporter. Tout notre être est donc touché par les blessures, quelque soit le lieu de leur impact, car nous sommes des êtres "globaux".

CONSEQUENCES DES BLESSURES SUR L'AMOUR EN NOUS

Les deux forces d'amour, en nous, éclatent. Une partie de chacune reste orientée vers l'amour, une autre s'en éloigne.

1. **Au niveau de l'affectivité profonde** (désir d'être aimé), persiste une certaine attente de Dieu, de l'amour. Mais en même temps s'installe en nous le doute, la méfiance, avec rupture par rapport à l'amour, choix de l'indépendance. L'homme se retrouve alors de plus en plus coupé de Dieu, de l'Amour, de plus en plus seul....**et il entre dans la peur.**
2. **Au niveau de la combativité** (désir d'aimer) il se produit une régression, un repli sur soi, avec négligence par rapport à l'amour, allant jusqu'à l'oubli....et même jusqu'à l'oubli total de Dieu. Là aussi, **la peur est la conséquence automatique de ce choix** d'indépendance. Cependant, il persiste toujours en nous, plus ou moins marqué, un certain "zèle" tendant à nous porter vers Dieu.

Cette peur omniprésente est à la fois une peur de manquer (qui suscite encore plus de convoitises) et aussi, une peur des autres dont rien ne semble plus capable de nous protéger puisque nous nous sommes éloignes de Dieu (dont nous avons peur également). En effet, le mauvais choix qui a été fait, nous éloigne du regard protecteur de Dieu et nous expose, vulnérables, **au regard accusateur des autres...auquel nous répondons par l'agressivité à leur égard** et cela d'autant plus que nous en avons peur.

En nous naît alors une interrogation : pourquoi est-ce que je ne reçois pas cet amour qui m'est indispensable? Serait-ce parce que je ne suis pas aimable? Parce que je suis coupable dans mon être lui-même, **dans ce que je suis?** coupable d'une sorte de malfaçon qui écarte l'amour des autres?
Et c'est ainsi que s'installe **le "sentiment de culpabilité"**.

CHAPITRE 6

LE SENTIMENT DE CULPABILITE

QUESTIONS : Qu'est-ce que le sentiment de culpabilité ?
Comment lutter contre lui ?

Le sentiment de culpabilité, c'est cette <u>**conviction, fausse**</u>, mais solidement enracinée en nous tous, entretenue par le mensonge de l'Ennemi, que ce manque d'amour dont nous souffrons provient <u>**de ce que nous sommes**</u>. Nous avons la conviction que nous sommes **incapables de susciter l'amour**. En réalité, nous sommes aimables plus que nous le croyons et d'ailleurs **inconditionnellement aimés par Dieu, vérité éclipsée par cette conviction fausse !**
Autour de ce "**sentiment culpabilité**", suscité par le mensonge de l'Ennemi, chacun de nous construit, soi-disant pour se défendre, un véritable **rempart d'agressivité**. Et, malheureusement, c'est à travers lui que vont se manifester toutes nos réactions ultérieures, élaborées pour tenter de nous dégager de notre situation de souffrance par rapport au manque, aggravée par toutes les blessures.
Or, l'agressivité, c'est tout le contraire du "zèle" amoureux envers Dieu et les autres.
On voit donc, déjà, les conséquences des "blessures", non seulement au niveau de l'éclatement des "forces d'amour" en nous, mais aussi au niveau de notre personnalité profonde, **affectée par le sentiment de culpabilité**.
L'insatisfaction du besoin fondamental d'être aimé et d'aimer, renforcée par l'ignorance de l'amour de Dieu pour nous, comporte donc des conséquences désastreuses, en aval. Nos réactions deviennent distordues par rapport à l'amour.

Ces réactions entraînent une sorte « d'automatisme » relevant de notre inconscient et sur lequel il serait vain de vouloir agir en restant au seul niveau du raisonnement intellectuel, si intelligent soit-il, de notre « conscience charnelle ». Il faut, au contraire, remonter en amont, remettre en lumière <u>**un choix antérieur de réagir contre l'amour**</u> **(soi disant pour nous défendre)** d'où a découlé la réaction en chaîne dans laquelle se débat un individu complètement détourné de ce pour quoi il est fait : l'amour.
La détection, ainsi opérée, de l'origine de nos réactions malencontreuses, sous l'emprise du sentiment de culpabilité, va nous permettre de revenir sur le choix tordu qu'il nous a fait faire.
A nouveau, nous sommes alors sollicitée pour le choix de l'amour et cela en pleine lumière d'une « conscience » éclairée. **C'est là le travail de « l'accompagnement psycho spirituel ».**
Ainsi, vis à vis de l'offense subie et de "l'agresseur", peut se produire un nouveau choix, d'amour cette fois, qui impliquera le pardon.

Mais, même si le pardon intervient, la confiance n'est pas rétablie immédiatement pour autant à 100 pour 100.
En effet, la blessure demeure, dans certains de ses effets tout au moins, même si le pardon en a modifié les conséquences.
<u>La guérison, alors, ne consiste pas en la disparition des blessures et de toutes leurs conséquences, mais en un jaillissement même de l'amour, à partir des blessures elles-mêmes</u>, bien réelles et toujours présentes. En effet, elles peuvent devenir une source d'amour grâce à l'acceptation et à l'offrande, par amour, de la souffrance résultant de ces blessures. Cette offrande est alors une véritable et efficace **"participation"** au salut de tous (Col 1,24), "car ce qui manque aux souffrances du Christ, je l'achève dans mon corps, en faveur de son corps qui est l'Eglise". Nous n'avons pas à camoufler nos blessures ou à les supprimer, mais à leur faire « produire » de l'amour, à les « transfigurer ».

LUTTE CONTRE LE SENTIMENT DE CULPABILITE LUI-MEME

Elle passe donc automatiquement par la nécessité du pardon à tous ceux qui ont contribué à installer et faire grandir en nous ce sentiment de culpabilité :
- Que ce soit par des « erreurs éducatives », en croyant à la vertu de redressements et reproches réitérés pour « notre bien » !
- Que ce soit, même, par amour pour nous, en voulant nous éviter les conséquences de nos erreurs ou imperfections, pour nous « protéger » !
- Que ce soit, enfin, par agressivité, ou même par haine à notre égard, afin de nous rabaisser, de nous culpabiliser et nous détruire !
Ces attitudes destructrices de la part des autres, nous ont placé dans un état de dépendance vis-à-vis d'eux. Nous ne sommes plus libres vis-à-vis d'eux et de nous-mêmes. Nous sommes comme liés à eux et seul notre pardon à leur égard peut nous délivrer de ce lien : **c'est nous qui devons leur pardonner**, en nous retrouvant, par l'amour, au même niveau qu'eux et non plus à un niveau inférieur empêchant une relation vraie et fraternelle ! Cela est loin d'être facile, surtout si la motivation de leur attitude a été l'agressivité ou la haine.

CHAPITRE 7

SITUATION DE L'HOMME LIVRE A LUI-MEME- LE VIEIL HOMME (OU HOMME « charnel »)

QUESTION : Qu'est-ce qui caractérise le « vieil homme » ?
Comme on vient de le voir, l'homme coupé de Dieu est livré, par sa faute, à lui-même et mutilé par les blessures! Habité par la peur, par le **"sentiment de culpabilité"**provenant du manque d'amour ressenti (mais non réel), **l'homme va devoir se "positionner"** par rapport à sa vie et ses semblables !

On a vu que, spontanément, à cause de ses blessures, l'homme répond par l'agressivité. A cause de celle-ci, toutes les relations de l'homme vont être viciées. Même lorsqu'il croit être dans l'amour et la justice, l'individu agresse et blesse.
A plus forte raison lorsqu'il agit contre l'amour.
Et de cela, il ne se rend même pas toujours compte, car il n'est plus dans la vérité, mais dans l'erreur ou le mensonge. Le sentiment de culpabilité, qui détermine trop souvent ses actions, est d'ailleurs lui-même un mensonge de l'Ennemi.
Nous allons voir quelques caractéristiques de cette situation en étudiant :
- A) Sa façon de se positionner : POSITION DE VIE
- B) Sa façon de réagir : REACTIONS DU VIEIL HOMME

(A) POSITION DE VIE

Par là, on désigne l'attitude générale de la personne dans ses relations avec les autres et découlant du choix de **réaction par rapport aux blessures.** Spontanément, comme on vient de le voir, nous sommes non dans la vérité, mais dans "l'illusion". Ce que nous croyons être est faux!
Nous croyons que nous ne sommes pas aimés car pas "aimables" (sentiment de culpabilité) et, dans cette "illusion" nous pouvons réagir de deux façons différentes et même diamétralement opposées.

1) COMME SAUVETEUR :

Dans ce cas, j'ai choisi de provoquer l'amour des autres envers moi à tout prix et par mes propres forces. Je vais leur venir en aide, les "sauver". C'est cela qui devient mon seul but et j'en viens même à oublier que j'ai aussi besoin d'être aimé, d'être "sauvé". C'est moi le fort, le généreux qui donne et n'a pas besoin de recevoir! Cette attitude peut se traduire par deux façons d'être :

Le "sauveteur charitable" : serviable, toujours gentil, évitant de contrarier les autres, (même quand il le faudrait). Mais les "oeuvres" qu'il fait, ce sont "ses oeuvres" à lui, pas les oeuvres de Dieu! Il les accomplit pour gagner des "mérites"...qu'il présentera fièrement à Dieu lorsqu'il paraîtra devant Lui...et Dieu sera bien obligé, alors, de reconnaître sa sainteté et de le récompenser. S'estimant parvenu déjà à la sainteté, il se permet de juger les autres et les condamne facilement, méprisant leur imperfection. Se croyant "juste", il ne supporte pas l'humiliation d'être pris en défaut. Devant toute remarque qui pourrait mettre en doute sa "perfection", il se défend vigoureusement et contre-attaque: ce n'est jamais lui qui a tort!...Avouons que nous avons parfois cette réaction!
Enfin, il laisse entendre qu'il peut toujours se débrouiller seul : il "donne", mais n'a pas besoin de recevoir!

Le "sauveteur dictateur" agit en forçant les autres...."pour leur bien". C'est lui qui fait parce que c'est lui qui "connaît":"laisse-moi faire : tu ne sais pas t'y prendre"! Il se passe des autres....et de Dieu. Il se suffit à lui-même. Il fait donc "ses œuvres". Il a en lui, croit-il, son propre salut, car il est sans péché.

Lui non plus ne supporte pas l'humiliation de se voir accusé d'une quelconque faute, voir même d'une simple erreur. Il ne perd d'ailleurs pas son temps à discuter avec ses détracteurs, mais il les brise par la force : tous les moyens sont bons pour réduire au silence les opposants. Il juge, condamne et méprise. Est-il heureux pour autant ?
En réalité derrière cette façade de superbe assurance, se cache un malaise profond et même une souffrance intense chez cette personne qui prétend "donner" et n'avoir point besoin de recevoir d'autrui. Coupé de l'Amour, il est en "manque" tragique par rapport à son "besoin fondamental" et tourne le dos à ce qui pourrait le combler. A la limite, il peut sombrer dans le délire de la "paranoïa".

Que le "sauveteur" soit "charitable" ou "dictateur", il y a une absence de la composante " accueil" de l'amour et une déviation au niveau de la composante "don". Ce qu'il croit donner comme amour n'en est pas. Coupé de la source d'amour qui est Dieu, il donne aux autres, non pas ce qui leur est réellement nécessaire pour leur bien véritable, mais quelque chose qui les encombre, les humilie et qui ne correspond pas à ce que Dieu désire pour eux.

2) POSITION DE VIE COMME VICTIME

Dans ce cas, la personne a choisi, se croyant non aimée, d'obtenir l'amour des autres soit par la force soit par la pitié.

Par la force, c'est le cas de la **"victime révoltée"**. Celui qui se présente avec cette "pancarte" se plaint de l'injustice dont il est victime de la part de tous. D'ailleurs,"tout le monde lui en veut". Pour se "défendre", il attaque en permanence, Dieu et les autres et revendique ce "qu'on lui doit".
Tout ce qui ne va pas est de la faute des autres et lui-même n'a aucune responsabilité là-dedans.
Si, d'aventure, on se permet de lui faire le moindre reproche, il retourne celui-ci contre le gêneur :"et toi,donc,...tu ne t'es pas regardé!". Eternel insatisfait, insatiable, il exige que l'on approuve son combat....sous peine de devenir adversaire et d'être, par lui, persécuté.
En fait, il ne veut que recevoir (ou, plutôt, accaparer) mais jamais donner.

Par la pitié, c'est le cas de la "**victime écrasée**".

Il s'agit généralement d'une personnalité dépressive, voir désespérée, sujette au remord, pensant que ni Dieu ni les autres ne lui pardonneront. Celui qui pense ainsi ne voit pas d'issue à ce qu'il pense être un rejet définitif par Dieu et par les autres...et finalement par lui-même. Victime de tous et de tout, il tente parfois de s'attacher à quelqu'un, mais toujours selon un mode "fusionnel". C'est à dire que, pour obtenir l'amour de l'autre, il entre dans une dépendance aliénante vis à vis de lui, allant jusqu'à renoncer à sa propre personnalité. Ce soi-disant amour attise en lui **une très forte agressivité** pour celui ou celle qui en est l'objet.

En effet, nous ressentons durement, au fond de nous, toute atteinte à notre personnalité, notre dignité. La réaction agressive qui en découle se déchaîne alors, tôt ou tard, contre l'autre : c'est "l'amour haine". Mais elle se manifeste aussi contre soi-même sous forme de dépression.

Que la victime soit "révoltée" ou "écrasée", il y a chez elle une <u>absence au niveau de la composante "don" de l'amour et une déviation au niveau de la composante "accueil"</u>.

La "victime" est incapable de donner un amour véritable si elle est dans la "fusion". Et, si elle est dans la révolte, elle ne pense qu'à réclamer et ne donne jamais!

De toutes façons, il y a là une déresponsabilisation : on se retranche derrière la responsabilité des autres ou la fatalité (responsabilité de Dieu). Tout cela, **en pleine illusion**. Ces deux "positions de vie" opposées procèdent, en fait, de la même cause : l'homme "psychique", ou "vieil homme", parce qu'il s'est coupé de Dieu, s'est écarté du chemin qui mène de l'image à la ressemblance et ne réagit plus "en vérité" au "manque" qu'il ressent en lui et aux conséquences de ce manque.

Ces deux positions de vie, bien qu'opposées, en apparence, viennent de la même illusion : celle de croire que nous pouvons répondre à notre besoin d'amour tout en étant coupés de Dieu. Sans Lui, en dehors de Lui, nous ne pouvons vivre un véritable amour : ce ne sera qu'une imitation trompeuse!

Pour retrouver l'amour, il nous faut revenir à la vérité, c'est à dire à **Celui qui est "le chemin, la vérité et la vie"**. Ainsi pourrons nous retrouver la véritable "position de vie".

POSITION DE VIE ET RELATION AUX AUTRES

Notre position de vie est conditionnée aussi par la façon dont nous considérons les autres par rapport à nous-mêmes. Il y a quatre cas :

Dans le cas 1, je me considère comme nul, négatif, par rapport aux autres qui sont positifs (ils ont bien de la chance et moi pas!). Je suis bloqué dans une attitude victimale dépressive. Je suis dans l'illusion. Le risque est grand d'emprunter, pour m'en sortir, la fausse solution du suicide. Je puis aussi, renforcer ma vision négative et pessimiste des êtres et des choses et considérer que, s'il est vrai que je suis nul, les autres le sont tout autant que moi.

C'est le deuxième cas.

Dans celui-ci, persuadé qu'il n'y a rien de bon à tirer de ce monde, je souhaite sa destruction à laquelle je vais m'employer en devenant anarchiste, terroriste, kamikaze....au choix, ou simplement en sabotant ce que les autres essaient de construire pour "un monde meilleur", tout en savourant le gâchis que je provoque!

Une telle position favorise la fuite dans l'imaginaire, la paranoïa, le malheur!

Troisième cas

La sortie du cas 1 peut se faire aussi, après réflexion, par une inversion.

Je me considère comme positif et les autres comme nuls, négatifs (cas 3). Cette position peut d'ailleurs exister d'emblée! Je tombe dans une attitude dominatrice de "sauveteur dictateur", ou méprisante vis-à-vis des autres: c'est un refus d'amour caractérisé. C'est une vie de malheur dans la solitude affective avec élimination de tout opposant à ma volonté d'emprise!

Quatrième cas :
Fort heureusement je puis à tout moment accueillir la grâce de Dieu, faire le choix de l'amour, devenir "juste" par la foi et l'accord de ma vie avec elle, à travers des relations aux autres non plus seulement directes mais " passant par Dieu". C'est le quatrième cas.
Ma relation avec le prochain se fait ici d'égal à égal. Malheureusement, si en moi et en mon prochain la part du charnel est prépondérante, notre relation comportera de nombreuses occasions de blessures.
 Si, par contre, ma relation avec le prochain se fait par l'intermédiaire de Dieu, elle se fait sur un mode plus spirituel. Dans la mesure où l'on « ouvre la porte» au Christ (Ap 3, 23), on développe en nous, sous l'influence de L'ESPRIT, la partie « spirituelle» de notre personne.
L'accueil de l'ESPRIT par notre esprit nous introduit à l'Amour de Dieu (nous permettant de dire « Abba Père» (Rm 8, 14-17) et cette « grâce» diffuse dans la partie charnelle de notre personne (corps et âme corporelle). C'est alors par l'intermédiaire de notre esprit, principalement, que nous aurons nos relations avec notre prochain et celles-ci seront alors beaucoup plus exemptes de blessures et favorables à l'amour.
 La part d'amour « agapé » augmentera, sans que cela empêche l'amour « philos» et l'amour « éros », qui se renforceront tous trois, au contraire, dans une SYNTHESE harmonieuse qui nous fera croître en Amour.
Il n'y aura plus ce parallélisme ou même cette opposition entre les trois « aspects» de l'Amour : éros, philos et agape.
Pour arriver à cette « synthèse» nécessaire, il nous faut accueillir le Plan de Dieu sur notre personne toute entière et en particulier notre « sexualité ». C'est cet accueil, cette absence d'obstacle mis par nous à la volonté de Dieu sur nous qu'on appelle la **pureté.**
Ainsi, nous comprenons que la survenue de blessures en nous et en l'autre ne peut être évitée du fait de notre nature blessée. Le problème est alors, à partir même de ces blessures, de nous ouvrir à l'Amour que Dieu veut infuser en nous, n'y faire aucunement obstacle et laisser l'Esprit nous transformer nous et nos relations avec le prochain!

(B) <u>LES REACTIONS DU "VIEIL HOMME"</u>:

Elles ont pour origine ce fameux sentiment de culpabilité, qui s'installe dans tout homme et qui complique encore une situation compromise par une "position de vie" inappropriée, comme on vient de le voir.

Parce qu'il s'est coupé de Dieu et qu'ainsi il en est progressivement arrivé **à une situation de"manque"** par rapport à l'amour véritable, le"vieil homme" va essayer de réagir, mais avec ses propres forces, pour combler ce "manque" qui le fait souffrir. Malheureusement, toutes ses réactions vont se faire dans cette **agressivité qui accompagne son sentiment de culpabilité** et qui ne va plus le lâcher! Les deux premières réactions procèdent d'un désir d'indépendance et la troisième d'une acceptation de dépendance aliénante. Aucune n'amènera donc à la dépendance d'amour proposée, par Dieu, à l'homme.

1) Réaction égocentrique :
Pour compenser le manque, l'homme peut sombrer dans les **convoitises** :
C'est la tendance à tout accaparer pour lui, à tout ramener à lui. Pourquoi?....tout simplement parce qu'il a conscience de manquer de ce qui lui est indispensable : l'amour. Pour l'avoir, il va saisir tout ce qui est à sa portée et il se précipite sur tout ce qui ressemble à l'amour....mais qui, hélas, n'en est pas. Ce sont les "convoitises", tous **les"produits de remplacement"** qui flattent nos mauvais désirs: argent, pouvoir, gourmandises en tous genres, aventures sexuelles etc.. Il veut tout, tout de suite et pour lui.
Il ne peut en résulter qu'insatisfaction, amertume, désespérance et parfois mort, ou révolte et haine qui renforcent encore plus le"manque"et l'agressivité: Il entre dans le"cercle de l'endurcissement".

Mais les compensations recherchées par l'homme ont parfois une apparence tellement altruiste, tellement "spirituelle"....qu'elles peuvent donner le change!
On voit, ainsi, des fuites dans le pseudo mystique, des manifestations destinées à "épater" l'entourage....comme de soi disant "apparitions"etc.
On voit aussi des activismes suspects, qui dénotent simplement, de la part de ces personnes, une attitude "sauveteur".

2) Réaction cynique....ou de fermeture à l'amour.
C'est la tendance à se refermer sur soi, pour ne plus souffrir de cette sensation de manque. Le "vieil homme" déclare qu'il ne croit plus à l'amour, endurcit son coeur, s'entoure de tout un système de défense, n'hésitant pas à faire souffrir les autres et y prenant même un certain plaisir. Il se vante d'être ainsi devenu fort, insensible, invulnérable : il prétend avoir ainsi "réussi sa vie"...tout seul, sans Dieu.
C'est cela le "point d'orgueil". Mais, en réalité, il a perdu sa véritable identité et il est en situation d'échec par rapport à sa véritable vocation qui est l'amour. Il est donc malheureux, même si la façade qu'il montre est celle de la réussite humaine. Il est frustré, jaloux, haineux et tourne sur le"cercle de l'isolement".
3) Réaction régressive.
C'est la réaction désespérée de celui qui, croyant ne pas être aimé, va essayer d'obliger l'autre à l'aimer en se soumettant entièrement à cet autre. Il espère, par sa **soumission**, obtenir la reconnaissance de son amabilité.

Pour cela, il entre dans un amour fusionnel où il ne fait qu'un avec la volonté de l'autre et où, par conséquent il va perdre sa personnalité. Cet amour déformé le mène à l'infantilisme, à la dépendance aliénante et, donc, là aussi, à la perte de sa véritable identité. C'est une vie de malheur!

De plus, l'inconscient, dans ce cas, réagit automatiquement de façon très agressive à cet écrasement de la personnalité. **Il en résulte une agressivité**, tout d'abord bien dissimulée, pour ne pas déplaire, évidemment, mais qui peut éclater à tout instant, avec une extrême violence.

Ainsi, pour le "vieil homme", la situation parait bloquée. Dieu ne peut se résoudre à cela et sa grâce va sans cesse solliciter la conversion de l'homme "psychique" et son passage à "l'homme spirituel", l'homme nouveau. Ce passage n'est possible qu'à travers des "ponts" que nous allons voir dans le chapitre 8 : Passage à l'homme nouveau.

CHAPITRE 8

PASSAGE DU VIEIL HOMME A L'HOMME NOUVEAU

L'HOMME NOUVEAU (Homme spirituel)

C'est celui-ci que Dieu veut susciter en nous, afin que, ramenés vraiment sur le chemin qui mène à la "ressemblance", nous parvenions jusqu'à celle-ci, donc, au bonheur !

QUESTION : Comment passer du « vieil homme » à « l'homme nouveau » ?

Pour passer du vieil homme à l'homme nouveau, il faut emprunter des "ponts".

LES PONTS

Le premier de ceux-ci, c'est :
LE NOUVEAU CHOIX.
On a vu que c'était d'un choix défectueux qu'était venue la coupure de l'homme vis à vis de Dieu, dont avaient résulté: blessure, peur, éloignement, doute, méfiance, sentiment de manque d'amour, sentiment de culpabilité, agressivité.

Le passage vers l'homme nouveau ne peut donc se faire qu'à partir d'un **changement dans le sens donné par l'homme à sa vie**. C'est une orientation nouvelle, fruit d'une décision ferme : c'est la **conversion,** qui nous tourne vers Dieu!

C'est l'itinéraire baptismal : détournement du négatif résultant de l'éclatement des forces d'amour en nous.....pour accueillir le positif, dans la globalité de la vie.

Pour cela, un préalable est nécessaire : le passage du sentiment de culpabilité à la conscience de culpabilité.

Le sentiment de culpabilité :

Nous avons vu, plus haut, comment il s'est constitué en chacun d'entre nous, comment il était d'ordre psychique, **portait sur ce que nous sommes et non pas sur ce que nous faisons**. Nous avons vu qu'il provenait indirectement du péché.

La conscience de culpabilité

Au contraire, elle **porte sur ce que j'ai fait contre l'amour**.... à savoir, mon péché. Elle est d'ordre spirituel, et provient de la grâce. C'est la prise de conscience de la réalité de mon péché, des dégâts qu'il a entraînés vis à vis de l'amour.

En entrant dans la conscience de culpabilité, je vais pouvoir aborder ce "pont" essentiel qu'est la **prise de conscience que je suis tout à la fois pécheur...et merveille pour Dieu**, malgré mon état de pécheur. Cela me permet d'accéder au :

REPENTIR, qui est un autre pont, en rapport avec le précédent.

Ce repentir, c'est "la douloureuse joie": souffrance d'avoir causé des dégâts à l'amour, et joie d'être dans la miséricorde de Dieu. Cette joie déborde, alors, amplement, cette souffrance!

L'émerveillement que provoque en moi le regard d'amour de Dieu, remplace la honte ressentie devant le regard des autres et qui m'atteint dans mon "sentiment de culpabilité".

En fait, je me retrouve pleinement aimé là où je croyais être non aimable.

Je quitte la peur pour la joie d'accueillir l'Amour miséricordieux et j'entre dans une dépendance "libérante", **une dépendance d'amour :** "laissez-vous réconcilier avec Dieu" (2 Cor 5, 20).

Le passage par ces ponts, que l'on vient de décrire, va avoir plusieurs conséquences :

- Comme la sensation de "manque d'amour" se relativise, je puis envisager de donner moi-même plus facilement. Je puis entrer **dans l'offrande, qui contrebalance le"manque"**.

- **L'agressivité, qui accompagnait le manque** va diminuer, et me permettre d'entrer dans le pardon donné à tous ceux qui ont eu quelque responsabilité dans la survenue de mon sentiment de culpabilité. Entre "justice des hommes" et "justice de Dieu" (Mt 5,20), je choisis celle-ci, c'est-à-dire **le pardon**! Mais ce n'est pas sans angoisse et sans souffrance !

,

L'ANGOISSE : Son franchissement constitue un autre pont. L'angoisse est une peur, souvent déconnectée de ce qui l'a provoquée, à savoir....l'inconnu, l'approche de Dieu, ou son éloignement résultant de notre propre prise de distance par rapport à Lui, la peur de souffrir, aussi! La plupart du temps, d'ailleurs, nous ne savons plus pourquoi nous sommes angoissés.

Mais, ce que nous savons, c'est que nous avons horreur de l'angoisse et ne cherchons qu'à la fuir. Or, l'angoisse est parfois révélatrice du malaise que crée en nous la prise de conscience que nous ne sommes pas à notre véritable place et que nous nous sommes éloignés de Dieu! **Dans ce sens-là, alors, elle a son utilité** puisqu'elle va nous inciter à revenir sur le chemin du bonheur, sur le chemin de Dieu.

Par contre, c'est vrai, l'angoisse qui dépasse ce rôle d'avertisseur et qui devient destructrice, doit être **traitée par les moyens médicaux**. Mais ceux-ci, il faut bien le savoir, sont incapables de résoudre le problème de fond de l'homme : à savoir, la nécessité de correspondre au projet d'amour de Dieu sur lui. C'est seulement par l'adhésion à ce projet dans la **confiance,** autrement dit, par la **louange** adressée à Dieu, dans la **durée**, malgré l'angoisse, que nous pourrons traverser celle-ci pour aller vers l'homme nouveau. Cette traversée de l'angoisse ne se fait pas sans souffrance, évidemment : les deux sont liées.
La traversée de l'angoisse par la louange est donc un pont à franchir.
Sinon, nous risquerions de vouloir contourner l'angoisse par ce qu'on nomme les"dérives du sentiment de culpabilité" : légalisme, perfectionnisme, remord, scrupule, voir névrose obsessionnelle.Dans tout cela, il y a de la souffrance !

LA SOUFFRANCE, en elle-même, on l'a vu, n'est pas un "pont", mais **c'est le sens que nous allons lui donner** qui va favoriser notre passage vers" l'homme nouveau".
En nous, comme on l'a vu plus haut, le "vieil homme", au lieu de "s'attacher" à l'amour, à Dieu, s'est attaché aux convoitises, ou bien à lui-même dans un repli sur soi, ou encore à d'autres dans un attachement "fusionnel" altérant sa personnalité. Ces sortes d'attachement vont se révéler sources de souffrance en fin de compte. Et cette souffrance, le "vieil homme" en rend responsables Dieu...et les autres. Pour lui, cette souffrance est injuste ou absurde et il veut s'en débarrasser à tout prix, l'éviter, la contourner par tous les moyens....sauf par le renoncement au mal (par rapport auquel il dénie toute complicité de sa part!).
Or, c'est en donnant à notre souffrance le sens que Jésus a donné à celle qu'il a acceptée pour nous, que nous pouvons quitter le vieil homme pour le nouveau.

L'AVEU est un autre pont qui va de pair avec le repentir. Il est nécessaire **pour démolir en moi les défenses qui m'abritent du regard des autres et de ce que je croyais être le regard de Dieu. L'aveu me met dans l'humilité** et m'aide à voir ce que je dois changer pour éviter les rechutes. **Cet aveu est donc un pont.**

Le pont de l'ABANDON dans la confiance à Dieu
Le nouveau sens donné à l'angoisse et à la souffrance suppose la confiance en Dieu. Le "vieil homme" n'avait de confiance qu'en lui-même et prétendait se réaliser tout seul, sans Dieu : c'est ce qu'on appelle le "point d'orgueil".

Ce "**point d'orgueil**", c'est, en fait, ce lieu de moi-même où je pense avoir "réussi ma vie", sans l'aide de Dieu, tout seul, par mes propres forces !

Il est caractéristique de l'indépendance si chère au vieil homme. C'est une tentative pour se sortir tout seul de ce fameux sentiment d'infériorité/culpabilité qui nous empoisonne l'existence. Ce **point d'orgueil** nous fait dire qu'on a, quand même, réalisé quelque chose de pas trop mal dans notre vie...ne serait-ce que de survivre au milieu des dangers, grâce à notre astuce!

Or, justement, c'est ce genre de vie là, que Jésus nous demande d'abandonner (Jn12, 24-26), (Lc9, 23-25), pour accueillir Celui qui est "le chemin, la vérité et la vie". En nous abandonnant à Dieu, nous renonçons à notre fausse identité pour passer à la véritable, celle de fils bien-aimé du Père. Dans ces conditions, nous abandonnons toutes ces "défenses " que nous avions élevées pour devenir indépendants par rapport à l'amour, invulnérables. Nous entrons alors dans la "vulnérabilité de l'amour".

Nous passons alors, aussi, de ce qu'il pouvait y avoir en nous de dépendance aliénante, à la dépendance d'amour, de l'infantilisme d'une dépendance fusionnelle, nous passons à l'enfance spirituelle.

Finalement, dans cet abandon à Dieu, je Lui laisse le soin de conduire ma vie, dans la confiance retrouvée, tout en assumant mes responsabilités.

Réconcilié avec Dieu, je retrouve ma véritable identité de fils, dans l'enfance spirituelle, la paix, la joie, la foi, l'espérance : je deviens **un homme nouveau.**

Cette véritable conversion se concrétise normalement par le baptême qui comporte la réponse positive de l'homme à cette offre de salut de Dieu qu'est la BONNE NOUVELLE du Christ.

CHAPITRE 9

LA RELATION AU DIVIN

QUESTION : Chaque homme a, avec le « Divin », une relation qui lui est personnelle. De quelle sorte de relation s'agit-il ?

Les acteurs qui vont intervenir ici sont :
- **d'un côté,** des personnes humaines, dotées d'un corps, d'une âme (corporelle et spirituelle) (cf chap 1) et d'un esprit. Ces trois composants sont à la fois distincts et unis par des connexions telles qu'on ne peut envisager les personnes humaines que dans leur globalité, tout en reconnaissant leurs différentes structures.
- **de l'autre côté,** le « Divin » est considéré très différemment par les humains, ainsi que le déclare la boutade selon laquelle : « s'il est vrai que Dieu a fait l'homme à son image, celui-ci le lui a bien rendu ! ».

Ici, il est nécessaire de s'entendre sur quelques définitions :

RELIGION: **Relation au Divin**. Elle est de nature et de modalité variant avec les individus et les sociétés, au moins pour ce qui, dans la relation, relève de l'homme.
RELIGIOSITE : Selon le Larousse, c'est la disposition pour les **sentiments religieux**....surtout en dehors de toute religion bien définie.
CROYANCE : Action de croire qu'une chose est vraie...ou même simplement possible, ce qui **n'élimine donc pas le doute** (cf Jn 8, 31-47, ce qu'il advint des juifs qui "croyaient en Jésus").
FOI : Elle comporte, en plus de croyances, une **confiance ferme**, accordée **dans le cadre de l'amour**. C'est une adhésion confiante au Divin. C'est donc beaucoup plus qu'une croyance.
PIETE : **C'est l'expression, dans le vécu de la personne, de sa relation au Divin......autrement dit, de sa religion.**

Toute relation, dont la relation au « Divin », passe par différentes structures des personnes concernées.

STUCTURES DE LA PERSONNE, INTERESSEES DANS LA RELATION AU DIVIN ET SELON CETTE RELATION.

Comment les composantes de la personne humaine sont-elles impliquées dans tout cela ?
Quelles parties sont concernées? : le corps, l'âme (corporelle ou spirituelle), l'esprit?
Cela dépend de la "religion" de la personne! Autrement dit, cela varie selon que sa "religion"est religiosité, croyances, ou foi!

1) **S'il s'agit de religiosité, c'est déjà le corps qui va être** impliqué. Il y a une forte participation du corps, par lequel la religiosité s'exprime, même souvent bruyamment. Mais c'est la participation psycho affective, donc celle de « l'âme corporelle », qui est la plus importante, sans oublier toutefois « l'âme spirituelle ».

2) **S'il s'agit de croyances**, c'est le psychisme qui est surtout impliqué, avec la pensée, la raison, donc « l'ordinateur cérébral » de « l'âme corporelle ». Les croyances s'appuient en effet sur un travail d'analyse et de synthèse de l'intelligence psychique. Elles entraînent la constitution de systèmes de pensée d'où résultent ces croyances.

3) **S'il s'agit de foi, c'**est l'esprit qui est intéressé, car c'est à ce niveau seulement que peut naître **la certitud**e (comme la certitude "princeps" d'exister, caractéristique de l'homme). Dans la foi, c'est la certitude de l'amour de Dieu qui **est perçue au niveau de l'esprit**. Elle est liée à la confiance. Cette certitude, base de la foi, surgit **par l'action de la grâce**.

Si la personne accueille ce qui lui est offert, elle manifeste ainsi un choix catégorique pour l'Amour. Cela va retentir déjà sur son « âme spirituelle ». Mais elle va mobiliser aussi les ressources de son « âme corporelle, son intelligence et même les ressources de son corps également, et pas seulement celles de son esprit, **au service de l'Amour**. A côté de la certitude qui lui est offerte, elle va acquérir des **convictions** issues du travail de son intelligence. Ces convictions se font jour au niveau psychique, mais doivent rester **dans l'éclairage de l'esprit**, pour ne pas prétendre au statut de certitude relevant de l'esprit.

De la **confusion** entre convictions (facilement, voir insensiblement tournées vers la chair) et certitudes (restant fermement rattachées à l'esprit de l'homme éclairé par l'Esprit de Dieu) naissent quantités de « gnoses » allant jusqu'au délire, ainsi que des « dérapages », en tous genres, de la raison.

Cela explique la facilité avec laquelle l'homme, s'il est imprudemment livré à lui seul, peut, quand bien même son esprit aurait bénéficié de la grâce de la foi, « déraper » complètement par rapport au Divin…et à ses semblables !

La mobilisation des différents constituants de l'individu, dans sa relation au « divin », dépend donc du mode même de cette relation, selon qu'il s'agit de religiosité, de croyance ou de foi.

Les structures intéressées ne sont pas les mêmes et, par conséquent, les modes d'expression de ce qui est vécu peuvent être très différents. Faute de l'admettre, on se couperait de toute compréhension de ce que vivent les individus!

On vient de voir quelles étaient les structures de la personne intéressées dans la relation au "Divin". Il faut, maintenant, voir ce qui, au niveau de ses différentes structures, habite la personne en fonction de son jugement.

CE QUI HABITE L'INDIVIDU EN FONCTION DE SON JUGEMENT

Dans le cas de la religiosité, ce sont des **convictions**, c'est à dire des conclusions d'opérations intellectuelles jugées véridiques, mais en même temps très marquées par l'affectif, par l'environnement culturel. Ce sont donc, essentiellement, des **"convictions" psycho affectives**, relevant de "l'âme corporelle" avec une forte composante sensorielle et sensitive.

Dans le cas de croyances, celles-ci sont l'aboutissement de déductions intellectuelles, parfois souples et ouvertes, mais parfois aussi très rigides dans leur prétention à détenir la vérité, aboutissant même, parfois à l'intolérance. Les convictions qui en résultent butent forcément sur les limites de l'intelligence et laissent une certaine place au doute psychique.

Elles ne comportent pas de certitude ! Ce sont des approches tout à fait valables de la vérité, mais **ce n'est pas la VERITE toute entière.**

Les humains qui se situent au niveau des "croyances", présentent parfois :

1) soit un fond de "doute" systématique, qui a des origines et significations diverses :
   - dans ce que l'on décrit comme "mol oreiller du doute" et qui comporte une prise de distance par rapport à toute affirmation, il y a un désir d'affirmer son indépendance par rapport à tout et débouchant sur des réserves systématiques en tout. Cela peut devenir grave si les réserves portent même sur ce qui est évident (comme par exemple le fait d'exister) !
   - Dans le principe de base de toute recherche scientifique, c'est différent: il y a la volonté respectable de ne tenir pour réel que ce qui a été établi scientifiquement.

2) soit une prétention affichée à la détention par eux seuls de la vérité (peut-être pour « exorciser » le doute ?). Dans ce cas, l'agressivité est au rendez-vous. Elle se manifeste par une haine vis-à-vis de ceux qu'elle déclare « ennemis de Dieu », mais parfois, chez d'autres. Ainsi vis-à-vis de ceux qui sont accusés d'être « ennemis de la Raison ». Ces attitudes engendrent facilement une intolérance militante, cause de « terrorisme » et de « guerres de religions » ou, pour le moins des attitudes critiques de jugement, condamnation, persécution.

3) soit au contraire une attitude de relativisation de leur relation au « divin » qu'ils vivent alors comme en marge de ce que leur religion affichée préconise. Le flou de leur pratique religieuse ne fait que traduire l'incapacité de nouer une véritable relation d'amour avec le « divin » en se contentant uniquement des possibilités de jouissance que leur offrent corps et « âme corporelle » !

Dans le cas de la foi, c'est le terme de **certitude** que le jugement de l'individu applique à ce qui lui est révélé par Dieu et intégré au niveau, non plus du corps et de l'âme, mais **au niveau de l'esprit**. Cette certitude, née au niveau spirituel, va d'ailleurs se répandre au niveau de l'âme, entraînant dans son sillage des **convictions** certes élaborées, comme telles, par la raison, par le travail de l'intelligence....mais comme marquées du sceau "spirituel". Ces convictions sont comme le fruit d'une "intelligence spirituelle ».
On peut, en effet y détecter les "fruits de l'Esprit"(Gal 5,22-23): amour, paix, joie,...et non plus le "doute" et la critique paralysante et méchante d'un "jugement" purement psychique. Le corps lui-même participe, à sa façon, à cette irruption de la certitude de l'Amour de Dieu qui libère. Lui aussi est en quelque sorte, comme l'esprit et l'âme, transformé, libéré par cette certitude et plus disponible!

Cependant, on ne saurait confondre les certitudes nées au niveau de l'esprit et les convictions qui vont en découler, par le travail de l'intelligence, au niveau psychique. En aucun cas l'individu, s'il veut rester fidèle à la Vérité, ne s'autorisera à faire passer pour certitude ce qui n'est, chez lui, que conviction. Cette règle d'honnêteté n'est, malheureusement pas toujours respectée, tant s'en faut!

Ayant examiné ce que le "jugement" de chacun introduit dans les différentes structures de la personne, en fonction de sa relation au "Divin", il faut voir, maintenant, les conséquences de cette relation dans le vécu personnel.

L'EXPRESSION, DANS LE VECU DES PERSONNES, DE LEUR RELATION AU DIVIN (autrement dit : LA PIETE)

1) Dans la religiosité, entendue, ainsi que précisé plus haut, comme une disposition pour les "sentiments religieux":

La piété y a une tonalité affective très forte, avec importante participation corporelle.

Les sentiments y sont fortement manifestés. L'individu fait corps avec son environnement, avec l'univers et les forces de celui-ci, bénéfiques ou maléfiques, qu'il s'agira, dés lors, de neutraliser, ou de se concilier, selon les cas.

D'où **la propension au "magique"**, qui n'est autre que l'utilisation de "pouvoirs occultes, concurrents de celui de Dieu", pour les mettre au service de désirs parfois légitimes (magie "blanche"), parfois mauvais (magie "noire"), mais de toutes façons en opposition formelle à Dieu, dont la toute-puissance est ainsi contestée, pour le moins, ou, au pire, niée au profit de celle du Mal.

Il va sans dire **que ce genre de piété baigne dans la peur**, en particulier celle des esprits mauvais, auxquels on a ainsi donné prise sur soi et à la dépendance desquels on ne peut plus, croit-on, se soustraire. D'où un enfoncement progressif dans ces pratiques magiques.

Mais même lorsque l'on n'a pas, soi-même, versé dans les pratiques "magiques", la peur des "sorts" jetés par des ennemis, réels ou supposés, est caractéristique de cette religiosité.

Dans ce cas, en effet, même si l'on proclame bien haut des convictions monothéistes ayant pour corollaire l'affirmation de la toute-puissance de Dieu et cela au niveau de l'intelligence psychique, logique....**on se comporte, au niveau psycho affectif,** comme quelqu'un qui doute.

Qui doute de la toute-puissance de Dieu, ou qui doute, pratiquement, de la "justice miséricordieuse" de Dieu, puisque ce dernier "l'abandonne à la vindicte des ennemis". Il y a là une opposition, assez caractéristique de cette religiosité, entre ce qu'affirme la personne et découlant de sa "raison" et ce qu'elle ressent au niveau de l'âme et qu'elle vit concrètement, dans un milieu socio culturel favorisant, souvent **sociologiquement "chrétien", mais non "converti" en fait.**

C'est dans le cadre de cette "religiosité" que l'on voit le plus cette distorsion entre une affirmation d'appartenance chrétienne et un comportement niant une adhésion réelle à la Bonne Nouvelle et ceci avec une "pratique religieuse" qui pourrait donner le change lors d'un examen superficiel des choses! C'est ainsi que l'on voit certaines familles de "bons chrétiens" se livrer à des pratiques de sorcellerie notoire!

Lorsque c'est la "religiosité" qui prime, il y a tendance à donner la première place à tout ce qui est **"ressenti"**. On privilégie, alors, dans la "pratique religieuse", ce qui donne une ambiance chaleureuse. On recherche des émotions, avec symptômes sensoriels, voir même une certaine agitation. La chute accompagnée de cris n'est pas rare et peut passer aux yeux de l'entourage....et de l'intéressé(e) pour une manifestation de l'Esprit Saint ou, à l'opposé, pour le signe d'une "possession démoniaque"...... alors qu'en fait, cela reste à discerner avec attention avant d'y coller une étiquette.

Certes, on est là dans le cadre de la "religiosité". Mais on est aussi dans un **contexte socio culturel** dans lequel le psycho affectif occupe, qu'on le veuille ou non, une place privilégiée dans le vécu des personnes (ce qui, en soi, ne saurait être considéré comme une tare, mais plutôt comme un trait particulier).
En voulant ignorer systématiquement ce phénomène, on risque de favoriser un "refoulement" pur et simple avec "extériorisation" sous forme de "crises hystériformes" comme autrefois, ou mieux, maintenant, sous forme de maladies psycho somatiques....ou tout simplement de déprime "inexpliquée", avec, souvent, tentatives de suicide.

   2) Dans le cas de "croyances"
La piété y a un caractère beaucoup plus "réservé". En raison de la participation importante du travail de l'intellect dans les analyses et les synthèses, au niveau de l'intelligence psychique, il y a une prise de distance avec l'affectif. Il y a même souvent une suspicion systématique vis à vis de toute manifestation affective. Cela peut aboutir au rejet de toute personne exprimant ses sentiments, et jugée, de ce fait, dénuée du minimum d'intelligence pour comprendre les élaborations savantes, érigées par des "croyants" intellectuels, en systèmes rigoureux de pensée.
Rien d'étonnant, dés lors, s'il y a incompréhension irréductible entre ces "intellectuels" et les personnes qui donnent une large part à l'expression de leur affectivité....que ce soit dans le cadre de la "religiosité", comme on vient de le voir, ou dans celui de la "foi", comme on va le voir!
Ce qui domine, en fait, dans la "piété" résultant des "croyances", **c'est la suprématie de la "raison".**
A la limite, tout ce qui n'est pas immédiatement explicable par la "raison" est a priori suspect.....et certains vont même nier tout caractère miraculeux dans les actions du Christ, ou, tout au moins le réduire à sa plus simple expression.

Cette "piété" désincarnée, car **volontairement coupée de la composante affective des individus**, considère avec méfiance toutes ces personnes qui ont besoin d'exprimer, très légitimement en fait, ce qu'ils ressentent au niveau de leur affectivité.

3) Dans le cadre de la "foi"

Comme on l'a vu, la "piété", qui est le vécu de la personne dans sa relation au Divin, intéresse la globalité de la personne, à partir de cette certitude de l'Amour de Dieu qui habite l'esprit et diffuse, de là, dans l'âme et dans le corps. Ici, il n'est plus question de peur, mais de **relation amoureuse avec Dieu**, à travers tout ce qui relève de l'esprit, de l'âme dans ses deux composantes, ainsi que du corps. A ces deux derniers niveaux, on rejoint les mêmes moyens d'expression que dans la "religiosité" : les sensations, les impressions sensorielles, les émotions...peuvent être intenses. Elles peuvent s'accompagner de mouvements, de perte du tonus postural avec même chute à terre, ainsi que de larmes, de rire, de soupirs parfois bruyants. Mais tout cela se fait dans la paix, la simplicité, sans recherche de démonstrations exagérées. Cette ambiance, différente, on le voit, de celle qui caractérise la religiosité, tient tout simplement à **l'origine spirituelle de ces manifestations**.

Les "fruits", d'ailleurs, sont nettement différents : libération, absence de peur, discrétion et humilité, simplification, équilibre psycho affectif et corporel....avec influence favorable, en retour, sur la vie spirituelle.

C'est dans ce cadre que l'on observe le "repos dans l'esprit", le "parler en langues", les manifestations vraies de la « bénédiction du Père ».....toutes manifestations qui, du moment qu'elles sont d'origine spirituelle, comporteront les fruits sus mentionnés.

Un autre caractère de différenciation avec les manifestations vécues dans le cadre de la "religiosité" consiste, pour ces dernières, en répétition de manifestations du même type, comme stéréotypées, chez une même personne, avec **demandes réitérées de "prière" pour le même problème persistant** et sans aucun progrès apparent sur le plan spirituel : un tel caractère doit faire hautement suspecter un blocage dans cette religiosité, avec, sans doute, une conception magique associée.

Pouvoir s'exprimer librement, mais avec mesure, décence, respect des autres, est certainement la marque de la foi véritable, vécue dans la globalité de la personne. C'est bien là l'expression d'une adoration "en esprit et en vérité", suscitée par un amour qui passe aux actes!

Il est important que chacun se situe, en toute lumière, dans la relation au « divin » qui est la sienne : religiosité, croyance, ou foi......et **qu'il soit conscient du choix profond** que cela signifie, dans cette relation, par rapport à ce « Divin » lui-même.

Ensuite, pour éviter la confusion, il est nécessaire que chacun s'efforce d'harmoniser sa "religion" réelle, et donc ce qui l'habite au niveau de son "jugement", avec sa piété concrète.

Enfin, pour parvenir à la relation au Divin qui sous-tend **la foi**, à partir de la "religiosité" ou des "croyances", il y a un chemin à parcourir : **s'ouvrir à Dieu**, ouvrir à Celui qui est à la porte et qui frappe (Ap 3,20).

Cela dans la droiture et l'accueil de la vérité, comme Nathanaël que nous voyons (Jn 1,45-50) passer d'une vision très « psycho affective » des choses à une relation spirituelle à Jésus dans la foi.

Pour mettre en lumière la relation de chacun au Divin, la piété pratiquée est déjà un indicateur : Certaines pratiques sont, par elles-mêmes, significatives d'un type bien déterminé de relation au Divin. Ainsi, par exemple, la pratique de la magie, sous n'importe quelle forme, dénote une négation, de fait, de la Toute Puissance de Dieu. Elle est incompatible avec l'appartenance au Christ!
Par contre, d'autres pratiques, elles sont ambiguës : ainsi, le large emploi des "sacramentaux"(eau bénite, sel béni....etc.) peut relever d'une expression "populaire" de confiance en Dieu.....ou, tout aussi bien, d'un désir "d'obliger Dieu" à agir dans un certain sens....ce qui relèverait de la "magie".
On se trouve là devant des gestes et pratiques "populaires" dont la signification profonde et, partant la légitimité sur le plan chrétien, ne sont pas toujours évidents.
Dans telle assemblée de prière, les responsables auront pu, dans la foi, susciter une ambiance de piété correspondant à cette foi qu'ils s'efforcent de traduire dans leur adoration, dans tous leurs actes. Cependant, **certains participants**, qui sont eux, dans une "religiosité" à composante essentiellement psycho-affective, pourront présenter des "manifestations" mal interprétées. Ainsi, quand les manifestations hystériques notoires sont interprétées comme des cas de « possession » et traitées par des vociférations « imprècatives » avec interpellation d'esprits divers !
Il appartient alors aux responsables de canaliser ces manifestations, éventuellement d'en donner publiquement une interprétation prudente, toujours respectueuse des personnes. Et surtout, par la suite, il est nécessaire de revoir les intéressés, de les accompagner ou faire accompagner, en vue d'une réflexion sur ce qui s'est passé réellement. Mais il faut aider ces personnes à **découvrir, derrière leurs "pratiques", la véritable relation qu'elles ont avec le Seigneur**, afin qu'elles progressent dans une relation d'amour véritable avec Lui.

QUESTION : Comment se fait-il qu'il y ait une multitude de religions ?

C'est l'étude des modes de relation de l'homme au Divin qui nous permet de répondre à cette question en montrant que la « religion » de chacun est fonction :
- de celle des structure de la personne qui est principalement en jeu (corps, âme ou esprit comme on l'a vu dans le chapitre 1)
- de la complexité et originalité de chaque personne humaine et de la liberté dont elle jouit pour entrer en relation, comme elle l'entend, avec les autres et avec « le Divin »

Ainsi pouvons-nous mieux comprendre, par exemple, le problème, assez répandu en milieu créole, de « la double religion » (hindouiste créole et catholique), de son origine, de son expression et de ses implications concrètes, dont souvent un certain blocage au niveau spirituel.

CHAPITRE 10

RENCONTRER LE CHRIST

Nous avons vu comment les hommes sont marqués par leur relation personnelle au «Divin » et comment leur personne toute entière (corps, âme, esprit) participe à cette relation. La certitude de la rencontre avec le Christ (au niveau de l'esprit, avec diffusion en toute la personne), dans le cadre de cette relation au « Divin », constitue, pour l'être humain qui en bénéficie, une expérience bouleversante qui interpelle celui qui la vit et ceux qui l'observent.

QUESTION : Qu'est-ce que rencontrer le Christ ?...Que peut –on comprendre de ce qui se passe à travers les circonstances de survenue, l'état de l'intéressé(e) avant et après, et à travers la transformation opérée ?

QU'EST-CE QUE RENCONTRER LE CHRIST ?

Cette rencontre connaît des origines, des modalités et des conséquences très variables ! Evènement unique ou répété, déterminant ou parfois sans suite perceptible comme pour le jeune homme riche (Mt 19,22) (Mc 10, 17-30).
Ce qui est important pour nous, c'est notre ou nos rencontres avec le Christ !
On va proposer quatre exemples de rencontre tirés du Nouveau Testament: La samaritaine, Nicodème, Nathanaël, Zachée et Paul. Il y en a bien d'autres, tels que la femme adultère etc.
Pour chacun, on se posera trois questions :
        1) Dans quelle situation se trouvait la personne ?
        2) Quels obstacles vivait-elle pour s'ouvrir au Christ?
        3) Qu'est-ce qui lui a permis d'accueillir Jésus ?
Après avoir trouvé des éléments de réponse concernant les exemples choisis, chacun peut s'interroger sur ce qui, dans ces exemples, peut s'appliquer à lui-même.

Ensuite, on peut envisager ce que Jésus attendait de ces rencontres, ce que le texte évangélique laisse supposer comme changements intervenus chez les acteurs des exemples choisis. **Ainsi chacun pourra-t-il déduire ce que Jésus attend de sa rencontre avec lui.**

LA SAMARITAINE (Chapitre 4 de Jean)
1) Discordance entre son aspiration profonde à l'amour et sa vie concrète qui est **un échec vis-à-vis de l'amour,** une succession de liaisons passagères laissant un goût amer.
2) La honte, qui lui fait éviter le regard plein de condamnation que lui jettent les « bien pensants » et pour cela sortir en plein midi pour ne rencontrer personne.

Son **sentiment de culpabilité** amène, en réaction, une attitude provocante qui est obstacle au dialogue. Sa relation à Dieu est formaliste, légaliste : elle met tout de suite en avant ce qui est secondaire (le lieu d'adoration) et ne soupçonne pas le principal : l'amour de Dieu !

Sa relation avec les autres est biaisée : femme entretenue, mais très indépendante, pleine de rancune et de morgue, en situation précaire mais **n'ayant confiance qu'en elle-même.**

    3) Ce qui a été déterminant, c'est l'acceptation de perdre sa façade, **d'être enfin en vérité !**

En se livrant au regard d'amour de Jésus, elle se prépare à se laisser regarder en vérité par les autres, sans camouflage : « il m'a dit tout ce que j'ai fait…. » : enfin, elle peut en parler !

Elle passe de la confiance en elle seule à la confiance en Celui qu'elle a découvert.

NICODEME (Chapitre 3 de Jean)

    1) C'est quelqu'un de bien installé dans la vie, **un « honnête homme »**, savant, respecté, qui arrive avec ses certitudes un peu agaçantes : « nous savons…. ! », mais avec sa bonne volonté, son désir de correspondre à la volonté de Dieu. Il manque un peu de courage, mais il se rattrapera, ô combien, en participant à la mise au tombeau de Jésus.

    2) Chez lui, le principal obstacle est peut-être la richesse de sa science, de sa connaissance.

Il veut tout comprendre et expliquer, à partir de sa logique dans laquelle il s'empêtre lamentablement. **Il est de ceux qui ne croient que ce qu'ils peuvent totalement expliquer,** incapables d'admettre leurs limites, d'admettre que leur intelligence est bien loin de la sagesse de Dieu !

    3) Par contre, il admettra son incomplétude, la transcendance de Jésus et ne transigera pas sur la justice, en prenant le parti de Jésus courageusement devant ses paires.

NATHANAEL (Jn 1, 45-51)

    1) C'est un juif religieux, « un véritable fils d'Israël » qui veut accorder sa vie avec sa religion, qui accueille déjà Dieu dans l'intimité de sa prière personnelle.

    2) Il y a deux personnages en lui : celui qui est branché sur Dieu et celui qui est branché sur le monde, l'opinion du monde si prompte à dévaloriser : « de Nazareth, que peut-il sortir de bon ? » et bloquant le discernement.

    3) Il a accepté de faire taire ce second personnage au bénéfice d'une soumission à celui qui le dépasse : Jésus ! **Il accepte de se « laisser voir », de laisser reconnaître la partie de lui-même branchée sur Dieu.** Il accepte d'entrer en relation avec les autres sur le plan spirituel et de ne plus vivre en solitaire sa relation à Dieu en suivant Jésus et en diffusant la Bonne Nouvelle.

ZACHEE (Luc, 19, 1-10)
1) Discordance douloureuse entre sa situation matérielle fortunée et l'insatisfaction profonde de son **besoin d'être aimé et d'aimer**. On le salue, mais on le déteste, on ne le fréquente pas. Il est bloqué sur lui-même et sans doute sa propre femme elle-même ne peut partager le malaise profond qui le rend malheureux, car, comme tous les hommes….il ne parle pas ! C'est parce qu'il se sent en manque d'amour qu'il veut voir Jésus dont il a entendu parler et dont la personnalité tranche sur celle de tous ces juifs religieux qui n'ont vis-à-vis de lui que des mots de condamnation.
2) Malaise profond, d'autant plus douloureux qu'il n'a personne avec qui en parler.
Pour voir Jésus, il aurait pu prendre un tabouret…mais tout le monde se serait moqué ! Alors, il va essayer de voir sans être vu et il choisit de se camoufler.
C'est un malin qui ne veut pas prendre de risque : **il veut voir sans être vu !**
3) Mais le voila démasqué, et en même temps **saisi par le regard de Jésus** qui lui offre de faire une volte face à 180 degrés : conversion sincère et efficace **puisque débouchant concrètement sur l'action pratique. Il sait faire rimer amour et efficacité !**

PAUL (Ac 22, 3-16 ou Ac 9, 1-22)

1) Paul était dans la situation d'un **fanatique** qui, comme il le dit au verset 3, défendait la « cause de Dieu » avec une ardeur jalouse, **totalement convaincu de la justesse de sa façon d'agir** puisqu'il avait même participé à la lapidation d'Etienne. Il croyait être dans la vérité, dans l'obéissance à Dieu par le biais de **la Loi qu'il se vantait de connaître parfaitement et de faire appliquer strictement.** C'était d'une logique sans faille, d'une lucidité très claire….mais imperméable à la compassion, à l'amour du prochain !
2) Le principal obstacle était la discordance entre sa prétendue soumission à la volonté de Dieu et **son aveuglement concernant l'amour de Dieu pour tous les hommes**. Certes, il était instruit, plein de zèle, courageux, sans compromission…mais complètement fermé à l'amour et devenu féroce et violent.
3) Ce qui lui a permis d'accueillir Jésus, c'est l'humilité avec laquelle il a accepté de reconnaître son erreur, sa petitesse, **sa faiblesse**. L'homme « fort » qu'il était s'est fait le serviteur inconditionnel de l'Amour personnifié par Celui qui lui était apparu sur le chemin de Damas ! Il s'est laissé envahir totalement par la grâce, par la certitude de l'amour de Dieu pour lui et pour tous les hommes.

Dans ces différents exemples, on retrouve des points communs (plus ou moins nets selon le cas) :
- aspiration fondamentale à être aimé et à aimer, mais pas toujours perçue !
- grand manque par rapport à cette aspiration, pour ne pas dire un vide

- repli sur soi et **absence de relation vraie avec les autres**
- **façade trompeuse**, fausse sécurité, mur d'incompréhension
- méfiance vis-à-vis des autres….et en fin de compte vis-à-vis de Dieu
- **distance ou même opposition au plan de Dieu, qui est de nous faire participer à sa propre vie d'amour trinitaire dans le Royaume.**
- **absence de synthèse entre le plan de Dieu sur soi et le plan de Dieu sur les autres !**

Or, ce qui fait la synthèse entre ces deux plans, c'est le Grand commandement avec ses deux volets : « Tu aimeras le Seigneur ton Dieu de tout ton coeur…et ton prochain comme toi-même… » Mc 12, 28-34. Aux deux volets du Plan de Dieu correspondent les deux volets du Grand commandement :
- celui qui concerne Dieu
- celui qui concerne le prochain

Les deux sont indissociables. C'est ce que Jésus veut nous faire comprendre car nous avons tendance à les dissocier, souvent en toute bonne foi. Ainsi, dans le cas de Nathanaël, le Plan de Dieu sur lui est bien respecté : Jésus dit de lui que c'est un « véritable israëlite » ! Mais il a encore beaucoup à faire pour se conformer au Plan de Dieu sur les autres et il faudra les trois années passées avec Jésus pour abandonner ses préjugés vis-à-vis du prochain etc….

Ainsi en est-il pour nous qui, même si nous avons bénéficié d'une rencontre avec le Christ et d'un appel particulier, avons encore beaucoup à faire pour entrer dans le Plan de Dieu sur toute l'humanité. **Nous n'avons adhéré, bien souvent, qu'à la première partie du Grand commandement. Et cette adhésion elle-même ne peut alors être profonde!**

CHAPITRE 11

LES DESIRS

Nous avons vu comment le Projet de Dieu sur l'homme était centré sur une relation d'amour, alimentée par **le désir d'être aimé et d'aimer** existant chez l'homme en tant « qu'image de Dieu ». Ce besoin/désir fondamental est le véritable moteur du progrès de l'homme en amour au cours de cet apprentissage d'amour que représente sa vie sur terre. C'est dire l'importance du désir dans la vie de l'homme, l'importance de bien le situer dans la recherche et l'obtention du BONHEUR. Le désir en est-t-il toujours un facteur favorisant ? Le Bouddha présentait le désir, à travers « naissance, maladie, vieillesse et mort » comme la cause même de « la douleur ». C'était confondre les désirs bons et les mauvais, sous le même vocable de « désir », et leur attribuer une incidence identique négative par rapport au bonheur. En réalité, il y a les désirs bons, car conformes à l'amour et les mauvais qui lui sont opposés !

L'étude de nos désirs, de leur origine, de leur cheminement et de ce qui en advient est capitale pour nous situer dans le Plan de Dieu. Nous allons aborder cette étude par le biais d'une question qui se pose aux hommes de tous les temps :

QUESTION : Sommes-nous maîtres de nos désirs ou submergés par eux ?
L'origine de nos désirs se trouve dans nos besoins. Ce sont les démarches élaborées par nous pour parvenir à la satisfaction de ces besoins. Il ne s'agit pas des réactions réflexes, automatiques destinées à satisfaire nos besoins élémentaires et dont nous n'avons même pas conscience d'habitude (comme le fait de respirer pour oxygéner notre sang ou celui de balancer les bras en marchant….). Il s'agit de phénomènes plus élaborés.
Cependant, derrière un désir dont nous sommes bien conscients peut se cacher un autre désir dont nous n'avons pas conscience, et de nature bien différente !
Pour répondre à la question posée, il nous faut suivre le cheminement des désirs dans la personne humaine.

CHEMINEMENT DE NOS DESIRS

Pour qu'un **désir élaboré dans l'inconscient** puisse se concrétiser efficacement, il lui faut sortir de l'inconscient et parvenir à notre conscient. Le désir doit, pour cela, franchir en premier la « porte du surmoi ».
Première étape : le surmoi.
Qu'est-ce que le surmoi ? C'est une « structure » de notre personne capable de filtrer nos désirs en recherche de réalisation. Filtrer veut dire **choisir ce qu'il faut arrêter et ce qu'il faut laisser passer**. Mais d'après quels critères se fait ce choix ?
C'est d'après la conformité ou non du désir avec une « loi » qui nous a été imposée, de l'extérieur, à travers les injonctions de notre éducation, à travers l'influence (ou la pression) sur nous, du groupe, de la société, auxquels nous appartenons, censé avoir compétence en matière de **ce qui « doit se faire ou ne pas se faire ».**
Ce surmoi fonctionne en accord avec **des principes stricts** comme, par exemple, l'interdit de l'inceste, le respect de la vie d'autrui etc….
Ce surmoi s'impose à nous, sans que nous ayons la possibilité d'y changer quoi que ce soit !
Plusieurs éventualités sont alors possibles quand un désir se présente au « surmoi ».
  - Le surmoi n'accepte pas le passage et le désir retourne dans l'inconscient…..au moins pour un temps, sans même que nous ayons pu prendre conscience de son existence.
  - Au contraire, le **surmoi admet ce désir car il n'est pas en contradiction avec lui.** Il le laisse alors passer vers le « conscient ».
  - Ou encore, le surmoi est comme débordé par l'intensité du désir, pourtant contraire à ses « principes », et il doit le laisser venir au conscient : c'est une **« pulsion » dans le sens où ce désir pousse à sa réalisation malgré l'opposition du surmoi !** Exemple: le désir de voler du kleptomane.
  - Enfin, le désir arrive à franchir le surmoi, mais n'est pas identifiable comme un désir venant de notre personne. C'est une sorte de « corps étranger »!

Il va provoquer, de la part de notre « conscient », soit une élimination sans aucune analyse préalable, soit une élimination avec une analyse rudimentaire. Dans les deux cas, c'est un « refoulement », totalement ou partiellement conscient, qui va en résulter, avec retour « à l'envoyeur », c'est-à-dire à l'inconscient !

Deuxième étape : l'arrivée dans le conscient, c'est-à-dire dans la structure de la personne où s'effectue la constatation de la réalité, où l'on prend « conscience de…. ». Si l'on reprend le schéma de la case représentant les secteurs « conscient », «subconscient » et « inconscient » de la personne humaine, (cf plus bas), on voit que le « conscient » est comme une pièce fermée mais **éclairée par une « lumière »**. De quelle lumière s'agit-t-il ?

A) TOUT D'ABORD, LA LUMIERE DE LA « PENSEE »,
C'est au niveau « charnel » de la personne (l'âme corporelle).

C'est là que s'élaborent **les « convictions »,** dont celles concernant ce qui est « bien » et ce qui est « mal » et constituent la « conscience morale **charnelle** », lot de tout humain.

Alors que les « codes » contenus dans le surmoi nous restaient extérieurs, les « codes » de cette « conscience morale charnelle » ont été intégrés, acceptés par chacun de nous, dans notre conscience. Ils restent, cependant, profondément « charnels », dépendant en partie d'un certain nombre de facteurs, si bien **qu'ils diffèrent selon le groupe, la société auxquels nous appartenons.**

Cependant, sous la dénomination de « loi naturelle » existe un ensemble de codes admis par tous, mais dont les limites, à vrai dire, sont parfois imprécises !

Tout désir parvenant à notre conscient va affronter ces différents codes constituant la « conscience morale charnelle ».

Certains de ces codes vont faciliter la réalisation du désir et d'autres vont nous en dissuader.

Par exemple, le « code d'honneur corse » qui imposait à ce père de punir de mort son fils coupable d'avoir enfreint la loi de l'hospitalité était à l'opposé du « code de l'amour paternel » présent normalement dans le cœur de tout père, mais c'est lui qui a prévalu !

De même, le « code de la libre disposition de son corps, au nom de la propriété de soi-même » et qui va pousser une femme à l'avortement est en contradiction avec le « code maternel » qui fait de toute femme la protectrice de l'enfant qu'elle porte. Il y a, alors, combat entre les deux « codes ».

Autre exemple, le code de « la libre disposition de soi-même » va entrer en concurrence avec le code de la « nécessité d'un engagement total dans l'amour ». Le premier des deux va freiner l'engagement que constitue le mariage et inciter un couple à vivre simplement en concubinage.

Le second, au contraire, va inciter au mariage !

On peut établir un certain nombre de **facteurs susceptibles de freiner ou faciliter la réalisation des désirs à ce niveau « charnel » du conscient:**
   a) **En premier est l'image que nous nous faisons de nous-même**, la façon dont nous nous situons par rapport aux autres, par rapport à Dieu….autrement dit, **notre « position de vie » cf chap 7.**

Ainsi, devant ce désir qui se présente à nous, nous pouvons avoir une réaction d'étonnement s'il est en désaccord avec ce que nous pensons être, s'il est en désaccord avec notre « position de vie ». Nous réagissons alors en rejetant ce désir : « non, ce n'est pas possible, ce désir ne vient pas de moi, je ne me reconnais pas en lui » !

Cette réaction de rejet est plus ou moins consciente, comme on l'a vu plus haut, avec les conséquences évoquées dans ce cas :

Sans chercher plus loin, je puis alors « **refouler** » ce désir, ne voulant pas, en moi, **de ce corps étranger** ! Sans discuter, sans chercher, au fond, pourquoi cela me fait réagir ainsi et sans rechercher ce qui me fait voir ce désir comme indigne de moi, de ma « position de vie », je refuse toute analyse : je renvoie ce désir importun « dans la cave de mon inconscient ».

A noter que l'idée qu'un tel désir puisse venir de moi est tellement insupportable que tout ce qui précède peut se dérouler sans même que je m'en rende compte : **ce refoulement peut être alors totalement inconscient**.

L'important, est que ce désir refoulé n'ayant pas été analysé, il garde toute la force, toute l'énergie qui lui sont naturellement attachées. Il est donc fatal que, revenu dans la « cave de l'inconscient », il cherche à se manifester à nouveau, à sortir de la cave, à la première occasion. Il est comme un rat énergique enfermé dans cette cave, connaissant qu'il ne peut sortir par la sortie normale où il se ferait « matraquer » de nouveau.

Dés lors, il va creuser un « tunnel » lui permettant de déboucher sans problème dans le « conscient » et, pour plus de sûreté, il va se déguiser….en chat. Sous cette forme acceptable de « chat », ce « désir-rat » est certain d'être admis par le conscient.

C'est le processus de « **l'hystérie** » ou **« simulation inconsciente »** qui va brouiller complètement les cartes et tromper toute personne non avertie de cette fausse présentation d'un désir qui reste « camouflé ».

Exemple de cette « simulation inconsciente », l'histoire d'Umberto :

UMBERTO a huit ans. Son frère Jonas en a 10. Tout allait bien dans cette famille heureuse dont les deux parents, attentifs et aimants veillent au bonheur de chacun. Hélas, la venue de la petite Estrella, il y a deux ans, a perturbé cet équilibre. Umberto, s'est senti frustré, d'autant plus que des réflexions imprudentes ont renforcé Umberto dans la conviction qu'à sa place, les parents avaient déjà désiré une fille, enfin obtenue par eux en la personne de cette « affreuse Estrella » vers laquelle Umberto estime que vont toutes les attentions dont lui-même se sent privé.

D'où la jalousie qui le ronge et lui fait rechercher les moyens de se débarrasser d'Estrella et de récupérer l'amour dont on l'a dépossédé au profit de l'intruse!

Le désir d'étouffer Estrella, ce qui serait facile, se heurte au barrage absolu du « surmoi » d'Umberto et si, probablement, ce désir s'est présenté à son surmoi sans qu'Umberto en soit conscient, il est retourné rapidement de lui-même dans la « cave ».
Par contre, la blessure de « l'injustice formidable à son égard », que ressent Umberto, a fait naître dans son inconscient *le désir de compenser le refus par ses parents de lui donner l'amour qu'ils lui doivent !* Puisqu'on lui refuse ce qu'on lui doit, il va le prendre sous une autre forme ! ». C'est ce qui a pris corps dans son inconscient…sans même qu'il s'en doute et sans même qu'il se le dise ! C'est ainsi qu'il est devenu « chapardeur », volant ses parents pour « récupérer ce qu'on lui doit » ! *Son désir est devenu une pulsion* et, quand l'occasion se présente il ne peut s'empêcher de voler dans le porte-feuille de ses parents. *Son surmoi n'a pas pu empêcher la pulsion de s'accomplir.* Il a conscience de son vol, mais non de l'origine de ce qui le pousse à cette « récupération ». Umberto en est-t-il heureux pour autant ? Non, car, si la notion d'injustice le pousse au vol, par contre, son désaccord avec sa propre « conscience morale », lui fait ressentir « la honte »…d'autant plus qu'il s'est mis à voler aussi son frère Jonas et qu'il sent en lui l'envie de voler dans les magasins sans pouvoir vraiment s'y opposer : **c'est devenu une pulsion douloureuse!** Jusqu'au jour où Umberto a été pris « la main dans le sac…à mains de sa mère ».

Comme ses parents l'aiment profondément, contrairement à ce qu'il pense, ils lui ont simplement dit le chagrin que cela leur causait. *Cela a ébranlé la conviction d'injustice d'Umberto*, mais pas son désir immense de voir ses parents s'intéresser à lui plus qu'à Estrella. Il a donc pu, quand le désir de voler s'est représenté à lui, chasser ce désir, *mais sans régler le problème de jalousie : il a « refoulé » son désir jaloux « purement et simplement ».* Ce désir a donc réintégré « la cave » avec toute sa force et « le rat » a creusé son tunnel qui a débouché sur une manifestation inattendue chez Umberto : il a recommencé à faire pipi au lit !

C'est alors que les parents ont demandé un avis « psycho-spirituel » qui les a éclairés sur l'origine de ce « pipi au lit ». Ainsi ils ont pu faire en sorte que Umberto se sente aimé comme il le désirait, ce qui a fait cesser, après les vols, ce qui était, en fait, un appel de détresse à être aimé et qui a ramené la joie dans cette famille.

Par cet exemple on comprend la gravité du « **refoulement** » entraîné par une « position de vie » inadéquate.
Par conséquent, il est important de se rendre compte du choix malencontreux que l'on a pu faire, à l'origine d'une « position » de « sauveteur » ou de « victime ».

b) L'influence du milieu, de l'environnement.
Elle est très importante et conditionne en partie la « conscience morale charnelle ». Elle est à la base de ces « codes » dont on a vu, plus haut, l'importance.

Elle peut réaliser **un « péché de structure »** :
Un groupe, une société, sont marqués par leur histoire. Au cours de celle-ci, il y a des manifestations collectives d'indépendance par rapport à Dieu, **par rapport à la fixation, par Dieu, de ce qui est Bien et de ce qui est Mal.** L'homme veut s'affirmer comme capable de déterminer le Bien et le Mal (figurés de façon emblématique, dans la Genèse, sous l'aspect du fruit de l'arbre de la « connaissance »). C'est l'histoire d'Adam et Eve, c'est aussi celle des juifs demandant à Elie de leur donner un roi (1 Sam, 8, 7) pour se débarrasser de la soumission à Yaweh ! A chaque fois il en résulte un <u>**« péché de structure »**</u> qui altère complètement le discernement de toute la structure quant à la détermination du Bien et du Mal (2 Sam, 11 et 12)
Dans ce cas, chaque individu de la structure en cause a une « conscience morale charnelle faussée ». Cf chap 4.
C'est encore le péché de structure dont il s'agit dans **l'esclavage** ou dans la **banalisation de l'avortement** ou encore dans le « refus de **l'engagement** à l'amour » actuellement si répandu (cf plus haut).
Quel que soit le problème en cause, il y a une distorsion au niveau de la « conscience morale charnelle » : on déclare « bien » ce qui est « mal » et « mal » ce qui est « bien », car la lumière du « conscient » est obscurcie au niveau de « l'âme corporelle » et parce que « tout le monde fait comme cela » dans la structure en question!
A bien noter que ceux qui sont « pris » dans le péché de structure n'ont souvent eu aucune complicité dans l'établissement de ce péché dans le passé et par conséquent ne tombent pas toujours dans la définition du « péché » puisqu'égarés par leur « conscience morale charnelle » faussée !
Cette influence de la « lumière charnelle de la pensée » cache en nous la « lumière de l'Esprit », et nous ne sommes plus capables de distinguer le Bien et le Mal.

c) **La complicité avec le Mal** :
Quand nous subissons une blessure par un tiers, nous faisons appel de cette « injustice » en choisissant de réagir :
- soit selon <u>la « **justice des hommes** »</u> basée sur la loi du talion, la rancune et la haine.
- soit selon « <u>**la justice de Dieu**</u> » basée sur le pardon et l'amour.

Si nous avons choisi la rancune et la haine, nous devenons « otages du Mal » en ce sens que nous ne discernons plus le bien et le mal (cf Mt 5, 20 : ne pas choisir la « justice des pharisiens »).
La complicité avec le Mal fausse la « conscience morale charnelle ». Il y a une distorsion **du jugement émis par notre intelligence**, une disparition de l'objectivité par rapport au désir en jeu !

<u>B) LA LUMIERE VERITABLE, celle du CHRIST (Jn 1, 9)</u>
La lumière qui vient de notre « âme corporelle » éclairée par les « convictions » de notre pensée, est souvent altérée, comme on vient de le voir.

Elle fausse alors le discernement du désir par la conscience morale.
Cette seule lumière ne permet plus à notre « conscient », de discerner le désir qui se présente à lui après avoir franchi le surmoi.
Il faut que notre conscient soit éclairé par une lumière non plus « charnelle », mais « spirituelle ». C'est le rôle de la **« lumière du Christ »**, dégagée du « boisseau » de tous ces obstacles que l'on vient de voir et mise « sur le candélabre » **pour éclairer notre conscience morale sur le plan « spirituel ».**
A partir de la« certitude », acquise par notre esprit, de la valeur absolue de l'AMOUR et de ce qui en découle, notre « conscience morale » pourra alors examiner autrement tout désir se présentant à notre conscient. Elle sera devenue "spirituelle". De notre « esprit » jaillira ensuite la volonté qui, après ce discernement spirituel, est nécessaire pour l'accomplissement du Bien.
C'est à cette phase du cheminement des désirs que joue cette rivalité, en nous-même entre le souhait d'accomplir le Bien, dans l'amour et la tendance à lui résister. C'est le combat décrit par Paul entre ces « deux hommes » aux désirs contradictoires qu'il y a en dedans de nous !
On voit bien qu'à côté de la « conscience morale charnelle », doit intervenir, au niveau du « conscient », la «conscience morale spirituelle » basée sur l'acceptation de l'Alliance Nouvelle et Eternelle entre Dieu et l'humanité, venant de la Source d'Amour qu'est Dieu/ Trinité. Il nous faut donc modifier le tableau plus bas qui montre un « éclairage » de la conscience morale purement « charnel », « psychologique » sous la forme de la petite ampoule.
On vient de constater combien cet éclairage à ses faiblesses. D'ailleurs, la petitesse de l'ampoule figurant sur le schéma évoque bien le risque d'une conscience morale purement psychologique, charnelle (donc rattachée à la matière…pour ne pas dire « matérialiste ») et combien est grand le risque de déboucher sur un discernement totalement coupé de l'esprit (comme le proposent les « psy » athées ou « déistes » qui refusent un « esprit » caractéristique de la personne humaine, laquelle ils ne distinguent pas, en cela, des animaux supérieurs).
Il faut donc que la « case de la personne humaine » du tableau comporte une ouverture possible sur l'extérieur ou brille la Lumière de l'Esprit promis par le Christ. Cette porte/fenêtre, c'est celle à laquelle frappe le Christ chez tout homme (Ap 3, 20). Si la personne ouvre, le Christ s'installe chez elle et **l'Esprit Saint éclaire** le discernement de ses désirs au niveau de sa « conscience morale »…..spirituelle !
Si le désir ainsi discerné relève de l'amour, je puis et dois concrétiser ce désir.
S'il est contre l'amour, je dois le rejeter…faute de quoi je serais dans le péché et cette fois ci en toute connaissance de cause, **par rejet de « l'alliance d'amour» car, à ce niveau, il s'agit de certitude (spirituelle).**

Conséquences du rejet, par la « conscience spirituelle », d'un désir qu'elle a jugé mauvais :
Si c'est à la lumière du Christ que j'ai effectué ce choix, je n'ai plus à craindre que ce renoncement motivé entraîne les inconvénients décrits dans le « refoulement ».

En effet, le seul fait de m'être placé dans la Lumière du Christ et donc de l'Esprit Saint revêt le renoncement d'une irrésistible force de progression dans l'amour, tout en faisant perdre au désir l'énergie propre qu'il possédait, au bénéfice d'une énergie plus efficace pour le BONHEUR ! C'est là ce qu'on appelle la sublimation qui **compense largement la « frustration » pouvant résulter de ce renoncement.**

Ce survol du cheminement du désir montre la différence entre les étapes. Celle du surmoi est dominée par un code qui nous reste « extérieur ». L'étape de la « conscience morale charnelle » est dominée par **l'intégration**, en notre « charnel », de codes **acceptés par nous mais malheureusement souvent distordus.**
L'étape de la « conscience morale spirituelle », est dominée par **l'acceptation de l'Alliance d'amour**, fondée sur la certitude de l'Amour de Dieu transmise à notre esprit par l'Esprit de Dieu (Rm 8, 16) ! C'est l'étape fondamentale, mais pas toujours concrétisée, qui nous permet de discerner nos désirs selon l'appréciation de Dieu, selon l'Amour! On retrouve là la différenciation :"infraction-faute-péché" du chap 4.
La nette séparation entre « psychologique » et « spirituel » apparaît, lors des accompagnements « psycho-spirituels », au niveau des discernements par la « conscience morale charnelle » et par la « conscience morale spirituelle ». En même temps il est évident que la globalité de la « personne humaine », à la fois chair et esprit, oblige à prendre en considération la réalité de ce « cheminement de nos désirs » pour progresser en amour et personnalité vers le Royaume !

En conclusion de cette étude du cheminement de nos désirs apparaît la **difficulté d'un discernement vraiment éclairé, au niveau de la « conscience morale ».** Celle-ci doit décider de la conformité ou de l'opposition d'un désir à l'amour. Si « l'éclairage » de la conscience morale n'est que celui de l'« âme corporelle », ce discernement peut être vicié par tout ce qu'on vient de voir. Si l'éclairage est « spirituel », grande est la responsabilité du choix d'accueil ou de rejet de l'amour à propos de ce désir. En bout de course, enfin, intervient le rôle de la volonté pour concrétisation du désir ou renoncement à sa satisfaction !

Et là encore vont s'affronter la « grâce » et la « faiblesse humaine » !

En ce qui concerne la réponse à la question posée, elle doit être nuancée. Certes, l'homme a une certaine maîtrise de ses désirs. Cependant, il n'est pas maître de son « surmoi ». Par contre, au niveau de son conscient on a vu les nombreuses causes d'affaiblissement du discernement de ses désirs. Il peut et doit liquider au maximum ces causes et déjà en faisant **l'effort de se connaître et d'écouter ce que les autres lui disent de lui-même**, concernant, par exemple, sa « position de vie ».
Mais c'est surtout au niveau de son « âme spirituelle » et de son esprit que l'homme doit se laisser éclairer par la lumière de Celui qui est « à la porte et frappe »…..D'où l'importance de la « Parole de Dieu » transmise dans la tradition des apôtres.

Ainsi l'homme deviendra capable de discerner la correspondance ou l'opposition, par rapport à l'amour, des désirs qui montent en lui. Et, dés lors, s'il a fait le choix de l'AMOUR, il pourra conformer sa vie à ses désirs discernés et maîtrisés !
De plus, en regardant les fruits de ses désirs ainsi maîtrisés, il constatera que l'arbre se reconnaît à ses fruits !

1. CONSCIENT
2. SUBCONSCIENT
3. INCONSCIENT
4. SURMOI
5. VOIE DEVIEE POUR LES DESIRS REFOULES

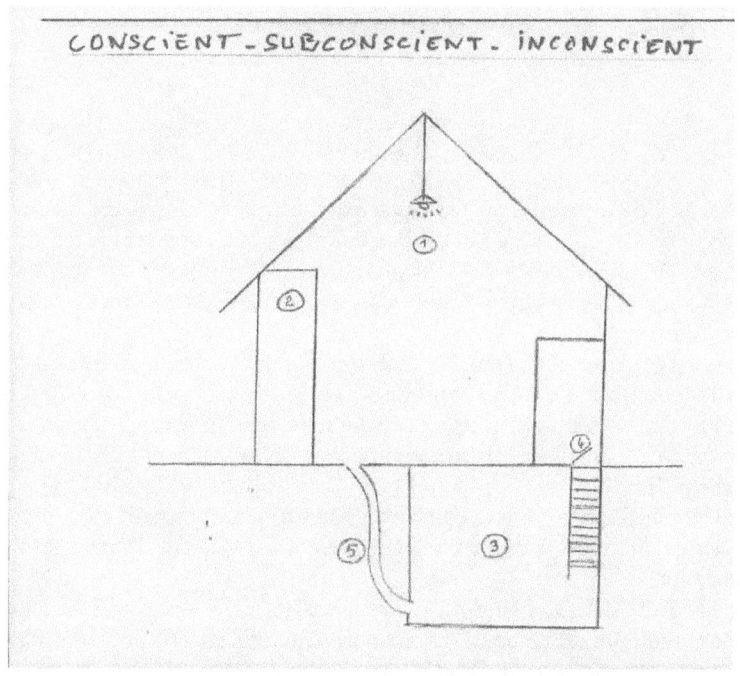

CHAPITRE 12

LE PROBLEME DU MAL

En envisageant le « Projet de Dieu » sur l'homme, on a constaté qu'il visait au Bonheur de l'homme par le biais de l'amour. Vivre heureux en Dieu Trinitaire, Père, Fils, Esprit, est cela même pour quoi nous sommes créés. Et **le bonheur est cet état de correspondance avec ce pour quoi nous avons été créés !**

Dans cette merveilleuse « tapisserie » figurant le Bien qu'est la création, le « Mal » représente une sorte de « trou », de « négatif » par rapport au Bien, dans la mesure où il s'oppose au « positif » de ce Bien, car opposé à l'Amour. Le Mal, c'est l'opposition à l'Amour, un « anti-Amour ». En effet, dans le Mal, il y a une « volonté » de destruction de l'Amour et pas seulement un « manque », une « absence » d'amour. Cela débouche sur la notion de « combat » entre les deux !

QUESTIONS:
Qu'est-ce que le mal ? (définition, réalité du mal)
Pourquoi l'existence du mal ?
L'existence du mal est-t-elle compatible avec la foi chrétienne ?

Pour répondre à ces questions, il nous faut donner quelques précisions sur le mal.

LE MAL

L'affrontement de l'humanité au mal n'est pas nouveau. Mais il est des événements qui font prendre conscience de l'importance du mal, et de son incidence sur la vie de chacun. Ainsi les événements du 11 septembre 2001. Tous se sont sentis concernés. Un appel a même été lancé aux hommes, par certains, pour qu'ils unissent leurs efforts contre le"mal".

Cependant, sur la définition même du mal, il n'y a pas toujours de consensus...d'où la difficulté de lutter efficacement contre lui !

La recherche d'une définition claire, acceptable le plus largement possible, constitue donc un préalable à une lutte efficace contre "le mal".

Définition du "mal" :
C'est l'opposé du "bien". Il a une consonance négative par rapport à celle, positive du "bien". C'est par rapport à ce dernier que l'on va essayer de le définir, après avoir analysé ce "bien".

Jésus nous affirme (Mt19, 17) que Dieu seul est le "bien" absolu. Et comme Dieu est amour, source unique de l'amour, communion d'amour parfaite entre le Père, le Fils, et l'Esprit, on peut dire que le "bien", c'est l'amour. Le "mal", est ce qui s'oppose à l'amour, et va de l'indifférence au mépris et à la haine. Il est donc, par là même, en corrélation avec le péché qui, par définition, est une opposition à l'amour..

L'amour, quant à lui, comporte : - la recherche du "bien" de l'autre, le don de ce qui peut lui apporter le bonheur véritable.
- l'accueil de notre propre "bien" à partir de l'autre.
Le mal, lui, par conséquent, va s'opposer au bien de l'autre, et refusera de recevoir de l'autre tout don, de sa part, en vue de notre "bien".

Stratégie du "mal"
Le "mal" ne peut que s'opposer à Dieu, du fait même que Dieu est amour, et cette opposition va jusqu'à la volonté de détruire .La destruction de Dieu étant impossible,"l'ennemi", promoteur du **"mal", va essayer d'atteindre Dieu indirectement, d'attenter au « bien » en le dénaturant.**
Pour cela, il va tenter d'affubler Dieu d'une caricature de ce qu'Il est : il va le présenter à l'imagination de l'homme comme un despote imbu de sa puissance, trouvant son plaisir dans la souffrance humaine, assoiffé de vengeance et de punition envers le pécheur.
Cette déformation haineuse du visage de Dieu doit être dénoncée vigoureusement. Elle a toujours fait de nombreux ravages dans l'imagination humaine et suscité des méprises redoutables par leur conséquence : guerres de religion, intolérance, exactions!
C'est en se laissant entraîner sur cette pente du mal que d'aucuns en sont arrivés à torturer, martyriser et tuer des hommes "au nom de Dieu". Qu'il s'agisse des allumeurs de bûchers de tous bords pour "hérétiques", ou des terroristes massacrant "au nom d'Allah" ou d'autres divinités.
Cela n'est pas nouveau, hélas...et sans doute pas fini, tant que le "mal" sévira : cf la parabole de l'ivraie (Mt 13,24-30).

Pas de confusion possible entre "bien" et "mal"
Le fait que ces promoteurs du "mal" poussent parfois leur fanatisme jusqu'au sacrifice de leur vie ne les fait pas rejoindre le "bien", du moment que la haine est à la racine de leur action, car la haine est, par essence même, à l'opposé de l'amour et du "bien".
Certes, le 11 septembre 2001, les "kamikases", tout comme les pompiers de New-York, ont donné leur vie. Mais ces derniers l'ont fait par amour du prochain, pour sauver....tandis que les autres ont agi pour détruire, et probablement pas avec l'amour dans le coeur!

Autres défigurations de Dieu par le "mal" :
La dénaturation du visage de Dieu, programmée par le "mal" est caricaturale dans les attitudes extrêmes du fanatisme sous toutes ses formes, facile à déceler sinon à juguler. Mais il est d'autres atteintes portées par l'homme à l'amour, au "bien": c'est la méfiance à l'égard de Dieu, la suspicion qui surgit en l'homme à chaque fois que quelque chose vient s'opposer à la réalisation de ses désirs. L'homme a, alors, la réaction habituelle d'accuser Dieu, de le dénoncer comme auteur de tous les maux qui l'accablent et dont il rend responsable son créateur tout-puissant mais apparemment insensible aux arguments humains!

L'homme va même souvent jusqu'à accuser Dieu de collusion avec...le "mal" (Lc 11, 15) qui est pourtant, par définition, son implacable ennemi!
C'est plutôt du coté de l'homme qu'il faudrait alors dénoncer la collusion!...qu'elle soit formelle, comme dans la révolte ouverte envers Dieu, ou qu'elle soit anodine, comme dans la présentation de Dieu en"père fouettard" à leurs enfants, que font certains parents pour renforcer leur autorité défaillante.

Stratégie détournée du "mal" dans son attaque du "bien"
Il existe une autre façon, beaucoup plus subtile, inventée par "l'ennemi" pour atteindre le"bien", atteindre Dieu : c'est la défiguration de cette image de Dieu qu'est l'homme.
En effet, en Christ, si grande est la solidarité de Dieu avec l'homme que tout ce qui atteint l'homme atteint Dieu.
Or, ce qui peut atteindre le plus l'homme, **c'est le déni de la dignité humaine!**
Quel est le fondement de cette dignité humaine : ce n'est pas l'intelligence, la beauté, les capacités physiques ou psychiques, mais **la qualité de "fils de Dieu"**, à laquelle chaque homme est appelé en plénitude. L'"ennemi" va donc tout d'abord s'attaquer aux critères de la dignité de l'homme et pousser celui-ci à ne considérer que l'intelligence (même dévoyée!), la beauté et l'intégrité physiques, la force, la puissance, l'astuce etc, comme rendant seules l'homme digne de vivre, digne d'humanité.

Déjà et de tous temps, hélas, l'homme a exploité l'homme. Mais le "mal" a progressé encore lorsque l'homme a voulu justifier cette exploitation en déniant le qualificatif d'humain à sa victime exploitée, pour se donner bonne conscience. Ce fut le cas dans l'esclavage lorsque certains ont prétendu que les esclaves n'étaient pas des êtres humains.
Aujourd'hui, une tentative de défiguration de l'homme envahit notre société de façon aussi subtile que massive, en s'attaquant à la racine même de la dignité de l'homme, en tentant de retirer à toute une partie de l'humanité sa dignité d'être humain.
Le plan inventé par le "mal" pour faire cela, c'est la division de l'humanité en deux parts, dés la conception de chaque être :
- les uns, sélectionnés selon les critères de la volonté toute-puissante de l'homme, **comme seuls dignes de vivre, car conformes** aux critères de bonne santé, intégrité physique, conformité aux normes eugéniques, conformité à l'attente de leurs géniteurs, dont le projet sur eux les constitue dignes de la vie en société "normalisée". Ce sont les embryons humains appelés à la vie, bénéficiant d'un maximum de protection.
- les autres, rejetés et sacrifiés car **non conformes au projet de leurs géniteurs ou à celui de la société** et appelés, en tant qu'indignes d'humanité, à servir d'animaux d'expérimentation, ou de corps à débiter en organes ou cellules **servant de pièces détachées** utilisés pour le bien-être de la première catégorie, celle des seigneurs de la société humaine nouvelle.

La science-fiction est dépassée par cette horreur froide d'un monde déshumanisé. C'est ce monde que nous préparent tous ceux, responsables scientifiques ou politiques, **qui refusent la dignité d'être humain à l'embryon issu de l'union de l'homme et de la femme, quelles qu'en soient les circonstances.**

Concrètement, ces promoteurs du "mal", par leur refus de définir l'homme et leur volonté d'entretenir un flou favorable à leurs ambitions plus ou moins avouables, amènent la société à une escalade auto destructrice du "mal" qu'il devient impossible de contrôler......comme, par exemple certaines déviations du "clonage"!

En fait, on voit bien qu'il n'y a là, sous des aspects en apparence très différents, qu'une seule origine à ces diverses manifestations du "mal". Pour éradiquer celui-ci, il faut, comme pour l'hydre de Lerne, s'attaquer en même temps à ces différentes expressions du "mal".

Vouloir, par exemple, réduire le terrorisme sans rendre sa dignité humaine à tous ceux auxquels on la refuse serait un non-sens. Ce serait tomber grossièrement dans le piége de "l'ennemi"!

Conclusion : De ce qui précède, on constate qu'il ne peut y avoir aucune collusion entre Dieu et le Mal. La question qui nous intéresse est donc mal posée. Ce qui trouble les hommes, c'est le problème du Mal **dans la mesure où celui-ci entraîne de la souffrance.**

La question porte donc plutôt sur cette dernière : qu'est-ce que la souffrance ? Pourquoi existe-t-elle ? Est-t-elle compatible avec le « Bien », avec Dieu ?

Nous nous poserons donc ces questions et même celle de la «souffrance de Dieu».

Dans ce parcours de « l'image » jusqu'à la « ressemblance » qui caractérise le séjour de l'homme sur cette terre, la souffrance est une réalité omniprésente et déconcertante. Elle va interférer avec tout ce dont l'homme dispose pour réaliser sa progression en amour et en personnalité, et avant tout avec son « besoin/désir fondamental! ».

En effet, tout au long du parcours qu'il accomplit dans sa vie, l'homme est mû vers « la ressemblance » par son désir fondamental d'être aimé et d'aimer qui le porte à l'amour. Mais il est dans un état de tension permanente entre ce désir positif et le désir contraire, celui de faire son bonheur par lui-même, seul, en dehors et contre l'amour, désir venant de sa nature blessée.

Dans sa liberté, l'homme va faire son choix entre les deux, son choix entre ses désirs contradictoires et concrétiser normalement ce choix à l'aide de sa volonté !

CHAPITRE 13

LA SOUFFRANCE

Le problème du Mal, du troublant « mystère d'iniquité », nous amène à voir maintenant celui de la souffrance avec laquelle il est lié.

QUESTION : COMMENT LA SOUFFRANCE HUMAINE PEUT ELLE AVOIR UNE PLACE DANS LE PROJET DE DIEU ? ET LAQUELLE ?

SOUFFRANCE ET PLAN DE DIEU

La souffrance a-t-elle vraiment une place dans le Plan de Dieu ?
Cette place, si elle existe, est-t-elle compatible avec la finalité d'un tel Plan, à savoir : le bonheur ?
Ces questions ont, depuis toujours, hanté l'humanité.
Les aborder avec une totale objectivité est difficile, tant nous sommes, les uns et les autres concernés, directement et indirectement.
Cependant, on peut essayer d'apporter un peu de clarté dans la compréhension du problème. Pour cela, il nous faut :
1) **définir la souffrance**
2) en analyser les causes, les modes de survenue (autrement dit, étudier **la genèse de la souffrance**).
3) voir **comment réagissent les hommes par rapport à la souffrance**.
4) Enfin, nous rechercherons **quelle place elle peut avoir dans le Plan de Dieu** et en déduire les attitudes envisageables vis-à-vis d'elle.

1) Définition de la souffrance
Cette définition est difficile car il s'agit d'un phénomène subjectif, personnel.
La souffrance est un état désagréable d'insatisfaction, se plaçant en coin entre une aspiration et une réalité en totale opposition l'une à l'autre. Elle est **radicalement contraire à ce que nous attendons, à savoir, le bonheur.** C'est une réalité de malheur, qui nous répugne.
On oppose parfois souffrance physique et souffrance morale, mais ces deux modalités de la souffrance sont souvent intriquées et, quoi que d'origine différente, **réalisent un même état qui nous est odieux**. C'est d'ailleurs notre personne toute entière qui participe à la souffrance :
- *au niveau de notre esprit*, car c'est là qu'elle vient percuter notre certitude d'être faits pour le bonheur. C'est là que nous ressentons le manque qu'elle réalise par rapport à celui-ci.
- *au niveau de notre âme, (surtout versant spirituel)* qui participe à la souffrance par la mise en jeu des phénomènes psycho-affectifs associés à celle-ci.

- *Quant au corps*, il joue un grand rôle dans la transmission de toutes les « informations » à consonance douloureuse jusqu'à leurs centres d'intégration et d'induction de la souffrance. Il a aussi un rôle important dans l'expression de celle-ci et dans la réalisation des désirs qui sont en lien avec la souffrance.

Différence entre souffrance et douleur
On ne doit pas confondre douleur et souffrance, bien que les deux soient liées. **La douleur est cause et la souffrance effet.**
Nature de la douleur :
La douleur est un phénomène d'origine physique initié au niveau de récepteurs, véhiculé jusqu'aux formations du système nerveux central assurant son intégration, laquelle entraînera normalement la survenue de souffrance, à un autre niveau.
Cette survenue peut d'ailleurs être empêchée par certaines substances telles que les opiacés, mais aussi par certaines anomalies coupant également le circuit décrit ci-dessus, comme dans le syndrome de Lesh Nyan. La production d'incitations douloureuses bien réelles n'entraîne alors aucune souffrance, ce qui montre bien la différence entre douleur et souffrance. Plus particulier est le cas des relations sado-masochistes au cours desquelles des incitations douloureuses entraînent un plaisir masochiste pouvant s'accompagner d'orgasme.
Universalité et rôle de la douleur :
Cependant, parmi les causes « corporelles » de la souffrance, la douleur occupe une place de premier plan. Elle fait partie de notre nature humaine, mais elle n'est pas propre à l'homme, puisqu'on la trouve chez tous les êtres qui ont atteint un certain niveau d'évolution. Elle ne devrait être qu'un **signal** véhiculé par les voies nerveuses de conduction de la douleur, et destiné à avertir d'un danger menaçant l'intégralité physique. Bref, à l'origine, elle se présente plutôt comme **bénéfique**....Mais elle peut rapidement dépasser ce rôle, et avoir alors un effet **destructeur**. Ce renversement de l'effet normal d'un phénomène au niveau de notre corps est quelque chose de bien connu, que l'on retrouve, par exemple, dans l'allergie. Celle-ci, elle aussi, a normalement un effet protecteur, mais qui peut devenir destructeur.
La douleur, bien que phénomène "naturel", est donc à combattre efficacement dès qu'elle menace l'individu dans son intégralité.
Cela semble évident, mais a longtemps été combattu par une certaine vision doloriste cherchant à s'imposer abusivement (sur le plan religieux entre autres).
Bien au contraire, le pape Pie XII, dans son célèbre discours aux sages-femmes, **préconisait déjà une lutte sans merci contre toute douleur destructrice.** Or, les progrès de la médecine sont tels, en matière de traitement de la douleur que, si l'on s'en donne vraiment la peine, on peut obtenir, sinon une disparition totale, au moins un soulagement efficace, dans la quasi-totalité des cas. Encore faut-il déjà y croire et s'accrocher à l'obtention d'un résultat, en luttant contre tous les préjugés!

Opposition douleur/souffrance : En totale opposition à la <u>douleur-phénomène "naturel"</u>, la <u>souffrance, elle, est "contre nature"</u>.

Elle résulte d'une déviation au niveau de la création que Dieu souhaitait initialement réaliser.

La souffrance s'est constituée en opposition au projet de Dieu, et à la nature même de ce projet, dont le but est le bonheur. Elle se place dans **l'écartèlement entre le projet de Dieu et la réalité des créatures humaines et angéliques.**

2) Genèse de la souffrance :

La souffrance correspond à la non réalisation d'un désir.

Qu'est-ce que le désir ? C'est cette tension de notre être, entraînant certaines démarches **ayant pour but la satisfaction d'un besoin (au sens large du terme).**
Conscience et inconscience du désir
Le désir est-il conscient ? Quand on parle de désir, cela concerne, en général, une démarche de notre être dont nous avons conscience : par exemple celui d'un homme de gagner les faveurs de la femme qu'il aime. Cet homme a pleinement conscience de son désir et du besoin qui le sous tend.
- **Mais le désir au sens large englobe toute démarche, même inconsciente, de notre personne, en vue de satisfaire un de nos multiples besoins** dont nous n'avons pas conscience en permanence. Ainsi, le besoin d'oxygénation de notre sang, qui entraîne le désir inconscient de respirer. Nous n'en prenons pas conscience habituellement, fort heureusement !

Conséquences de la réalisation ou non du désir :
    La réalisation du désir entraîne un plaisir, conscient si le désir l'était, mais réel aussi, quand le désir est inconscient. C'est ainsi que le fait même de respirer normalement entraîne le plaisir d'un certain bien-être dont on ne se rend pas toujours compte !
    La non réalisation du désir entraîne une souffrance. Cette souffrance peut être pleinement consciente, ou mal définie, comme une sorte de « mal-être », selon le cas.

Multiplicité et hiérarchie des désirs :
Il y a, chez l'homme, une multitude de besoins et de désirs (matériels, affectifs, spirituels…), donc une multitude d'occasions de ressentir :
- en cas de satisfaction, **un plaisir**
- en cas d'insatisfaction, **une souffrance**

Mais il y a, chez l'homme, une hiérarchie dans cette multiplicité impressionnante de besoins et désirs (conscients ou inconscients).
Il y a l'essentiel et le secondaire.
  L'essentiel est dans **le sens** que l'on donne à l'existence même de l'homme. On pourra, alors, distinguer :
- ce qui, dans les besoins et désirs de l'homme, est conforme à ce « sens ».

- ce qui ne l'est pas.

L'essentiel, en effet, pour l'homme, est de réaliser ce pour quoi il a normalement la certitude d'être fait : le bonheur !

On verra plus loin différentes options à ce sujet. **La vision chrétienne** de l'homme distingue comme but essentiel, pour lui, l'obtention du bonheur dans le Royaume. Et le désir dont ce but est l'objet est par conséquent le **« désir fondamental »**. Or, le bonheur du Royaume n'est autre que celui de vivre la relation d'amour unissant les Trois Personnes de la Trinité divine. **Le désir essentiel, fondamental de l'homme est donc celui d'être aimé et d'aimer**…en plénitude ! C'est bien ce que dit la Bible quand elle déclare que l'homme est créé « à l'image de Dieu » (Gn 1, 26), donc ayant en lui ce qui caractérise chacune des Personnes divines, à savoir, le désir, pleinement réalisé en Dieu, source de l'amour, d'être aimé et d'aimer à l'infini. Par **rapport à ce besoin et désir fondamentaux, les autres besoins et désirs ne sont que secondaires et subordonnés.**

Relation entre désir fondamental et désirs secondaires et ses conséquences

La satisfaction du désir fondamental donnera toujours (tôt ou tard) un plaisir qui est bonheur et son insatisfaction donnera une souffrance qui est malheur.

La satisfaction des désirs secondaires donnera, elle aussi, **toujours des plaisirs**. Mais ceux-ci **déboucheront sur le bonheur s'ils vont dans le sens du désir fondamental et par contre, finalement, sur le malheur dans le cas contraire.**

L'insatisfaction des désirs secondaires donnera **une souffrance**. Si cette souffrance s'accompagne de la satisfaction du désir fondamental, elle peut **déboucher sur le bonheur** : par exemple, quand un parent accepte, par amour, un travail pénible en vue du bien-être de sa famille.

Par contre, si cette souffrance s'accompagne de l'insatisfaction du désir fondamental, elle **débouchera sur le malheur**. Ainsi, si l'on reçoit une gifle et que l'on réagit par la haine, la souffrance physique subie débouchera, en plus, sur le malheur par insatisfaction du désir fondamental d'être aimé et d'aimer.

Ce qui est essentiel, pour l'homme, c'est donc bien la satisfaction de son désir fondamental, venu de Dieu, d'être aimé et d'aimer, qui mène au bonheur. Or, cette satisfaction passe par **l'acceptation de l'offre d'amour proposée par Dieu à l'homme**. Dans sa liberté, il est sollicité par Dieu de choisir l'amour et d'obtenir ainsi le bonheur.

Mais il peut refuser l'offre d'amour de Dieu et vouloir trouver en lui-même et non en Dieu dans l'amour, la plénitude du bonheur. L'homme bloque alors la satisfaction du besoin fondamental. En agissant ainsi, l'homme crée un « non-bien », une « absence de bien » qui s'oppose à ce bonheur proposé par Dieu : c'est cela le « mal », assimilable alors au « péché ». **Le mal est opposition à l'amour, refus d'amour.**

Il ne peut donc occasionner que souffrance, par insatisfaction du besoin profond, fondamental, d'être aimé et d'aimer que l'homme porte en lui-même en tant qu'image de Dieu (Gn 1, 26).

Si l'homme, volontairement et catégoriquement, choisit le mal en refusant l'amour, il se détourne du bonheur et entre dans un état de « souffrance fondamentale » dont l'aboutissement peut être la « damnation ». Dans cet état ultime, le rejet violent du bien, de l'amour se heurte à la présence, insupportable pour cet homme, au niveau de son esprit, **de la personne même de Dieu qui y est présent**, la présence de cet amour dont il ne peut se « débarrasser ». C'est sans doute cela la damnation, conséquence d'un choix définitif plus que d'une « condamnation » à proprement parler.

C'est un état de malheur car même les « plaisirs » tirés de la satisfaction de désirs secondaires le plus souvent pervertis, ne peuvent compenser la souffrance du « manque » au niveau du désir fondamental.

Sans en arriver là, on peut voir **des états de souffrance intense** attribués à des « dépressions », posant problème en ce sens qu'elles surviennent sans motif apparent, alors même que la plupart des « désirs banaux », secondaires, paraissent satisfaits : cette personne « a tout pour être heureuse » et pourtant ne l'est pas! C'est tout simplement en raison de l'insatisfaction de son désir fondamental !

Coexistence plaisir / bonheur ou plaisir / malheur :

On vient de voir que, vis à vis **du désir fondamental, les désirs dits « secondaires »** sont parfois en accord avec lui et parfois en désaccord. S'ils sont en accord, leur satisfaction entraîne un plaisir qui est déjà une contribution au bonheur fondamental, étape sur le chemin de celui-ci. **Ces plaisirs sont donc légitimes et bons car ils correspondent au Plan de Dieu !**

Par contre, lorsque l'homme veut réaliser par lui-même sa plénitude, il dévie vers ce but ses besoins normaux et **il se fabrique des besoins « anormaux »** car en désaccord avec le désir fondamental. La réalisation des désirs correspondants apportera des obstacles au Plan de Dieu. Il y aura alors **du plaisir mais pas de bonheur véritable et, plutôt, en fin de compte, cette souffrance fondamentale qui est malheur.**

Coexistence souffrance / bonheur :

A l'opposé, le choix du bien, de l'amour, entraîne une anticipation du bonheur traduite par une **joie qui peut coexister non seulement avec des plaisirs légitimes, mais également avec certaines souffrances dues à l'insatisfaction de besoins secondaires.** C'est le cas de certaines personnes traversant des épreuves physiques ou affectives qu'elles supportent cependant dans une paix et une joie inattendues.

Tout cela montre **l'importance de bien choisir le sens que l'on veut donner à sa vie : amour, bien et…bonheur, ou refus, mal et malheur.**

Telle était déjà le sens de l'interpellation du peuple hébreux par Moïse (Dt 30, 15)

On peut souligner, en conclusion, la **nécessité d'évaluer l'accord ou le désaccord de nos désirs secondaires avec le désir fondamental.**

Difficulté concrète du discernement des désirs :

Le choix de principe, fondamental, entre bien et mal, pour ou contre l'amour, est clair et nous oriente finalement vers bonheur ou malheur.
Mais sur le chemin qui mène au but, il est plus difficile de différencier les besoins, donc les désirs (non plus le fondamental mais les secondaires) **qui relèvent du bien et ceux qui relèvent du mal** et peuvent donc nous rapprocher ou nous éloigner du Royaume.
Certes, en chaque homme existe une conscience dite « naturelle » indiquant à l'homme la provenance de ses désirs, à savoir le bien ou le mal.
Cependant, cette différenciation n'est pas toujours claire et reste influencée par le milieu et par l'option religieuse.Cf chap 11.
Dans la Bible, à travers **la Révélation** qu'il a faite de Lui-même, Dieu a indiqué à l'homme (dans un récit très influencé par les « intermédiaires ») les désirs menant au bien et ceux menant au mal. Ainsi en est-t-il dans la Loi donnée par Dieu à Moïse.
Cependant, la souffrance est présentée le plus souvent comme la conséquence directe du péché, voir la punition de celui-ci.
En Christ, la Révélation a connu son plein accomplissement (exemple : Mt 5, 20-47) et nous a éclairé chacun sur nos désirs.
De plus, Jésus a promis aux croyants rassemblés dans l'Eglise **l'assistance de l'Esprit Saint** pour déterminer, dans les situations concrètes de l'histoire, **les désirs conduisant au bien et ceux conduisant au mal.**
Cette assistance comporte « **l'intelligence des écritures** », qui est la faculté d'en saisir le sens profond ainsi que **l'apport de la tradition.** Celle-ci est la permanente adaptation de la Révélation au concret du moment.
L'Eglise est gardienne et bénéficiaire de cette connaissance dynamique de la Révélation qu'est la tradition. Mais à qui revient, dans l'Eglise, le rôle d'exprimer et exploiter cette tradition ?
La réponse n'est pas la même dans les différentes « confessions » chrétiennes. Mais toutes reconnaissent, dans le Christ, Celui qui est le chemin, la vérité et la vie. C'est d'après la Révélation, achevée dans le Christ, que le christianisme discerne le caractère bénéfique ou maléfique des désirs en fonction de leur conformité ou de leur opposition au Plan de Dieu. Mais c'est surtout la connaissance de ce Plan et la compréhension de la place de la souffrance dans celui-ci qui se sont éclairées, comme on le verra plus loin.

Dans le judaïsme, le discernement des désirs se fait en conformité avec la Loi donnée à Moïse, mais connaît certaines difficultés en fonction des autorités qui interprètent la Révélation faite ainsi aux hommes et connaît, de ce fait, d'importantes variations.

D'où les problèmes rencontrés par Jésus lorsqu'il a non pas aboli mais accompli cette Loi.

l'Islam ne reconnaît à Jésus qu'un rôle de prophète secondaire et réserve au Coran de Mahom la valeur de seul document remis par Dieu et fixant tout ce qui concerne la détermination du bien et du mal et donc le discernement des désirs, de façon immuable et définitive.

La difficulté pour fixer les désirs conduisant au bonheur et ceux conduisant au malheur commence avec l'interprétation du Coran.

Comme Mahomet n'a pas institué d'autorité responsable de cette interprétation, certaines « structures » se sont arrogé cette autorité. Mais d'autres « courants » de l'Islam sont en désaccord avec leur interprétation et la vision, sous-jacente, de la relation entre Dieu et les hommes. Ces courants présentent une ouverture à la notion de « besoin fondamental », sans aller, toutefois, jusqu'à voir en l'homme l'image de Dieu à la façon du christianisme.

Pour l'Islam, en effet, la seule idée de Trinité divine est une abomination, ainsi que celles de l'incarnation, de la rédemption et de la nécessité du salut.

Pour le bouddhisme, il n'y a pas de Dieu « personnel » susceptible de révéler le chemin à suivre pour parvenir à Lui. Par contre, en faisant l'effort nécessaire sur lui-même, l'homme peut parvenir à « l'illumination ». Celle-ci le fait passer de l'ignorance à la connaissance. Cette connaissance est celle du chemin qui conduit au bien, à l'amour, en faisant sortir l'homme du cercle sans fin du non-bonheur, le cercle de **la souffrance** qu'occasionnent naissance, maladie, vieillesse et mort ! **Pour cela, le renoncement à tout désir est nécessaire.** L'ignorance, en effet, exacerbe les désirs et occasionne davantage la souffrance. Ainsi, la souffrance est causée par la nécessité de subir ce pour quoi nous avons de l'aversion et de ne pas pouvoir rejoindre ce pourquoi nous avons de l'attirance. Mais l'origine de cette aversion et de cette attirance ne nous est pas indiquée par le bouddhisme, alors qu'elle trouve son explication, dans la Révélation chrétienne : c'est le « désir fondamental » résultant de la création de l'homme **à l'image de Dieu**. Le bouddhisme ne peut le reconnaître puisqu'il veut éliminer, avec tout désir, la cause même de cette souffrance. Cependant, il s'efforce de conformer le plus possible les désirs de l'homme à l'amour que l'illumination révèle comme une réalité certaine.

Toutefois, il existe une vision très différente entre bouddhisme et christianisme au niveau de l'identité tant de l'homme que de Dieu !

Pour le christianisme, l'homme parvient au bonheur et se dégage de toute souffrance en rejoignant la source de l'amour que sont les trois Personnes de la Trinité divine. Ceci, il va le réaliser grâce à une **croissance en amour et personnalité** qui est la finalité même de sa vie sur terre.

Le bouddhisme, au contraire, préconise un abandon de la personnalité qui doit se « dissoudre » dans le Tout, afin d'éliminer le désir ancré dans cette personnalité et qui est, selon lui, la source de la souffrance.

Pour l'animisme, l'existence du « besoin fondamental » n'est pas évidente et le bonheur consiste plutôt en la satisfaction des besoins élémentaires de l'homme. D'où l'importance accordée à ceux-ci, des plus élémentaires aux plus nobles. Pour cette satisfaction, le recours aux pratiques magiques apparaît normal et concurrence, en fait, l'effort de l'homme sur lui-même et sur l'environnement. Il en découle un affaiblissement de la responsabilité personnelle. Il convient de noter, en passant, que les pratiques magiques ne sont pas le fait exclusif de l'animisme et qu'elles contaminent parfois les religions monothéistes et le bouddhisme !

Pour le matérialisme athée, la position par rapport à la souffrance est claire : il ne peut y avoir de « besoin fondamental » créé par Dieu puisque « Dieu n'existe pas ». Ce qui régit l'homme, c'est la recherche du plaisir procuré par la satisfaction des besoins qu'il porte en lui. La souffrance, absurde dans ce système de pensée, doit donc être évitée par tous les moyens. Pour cela, l'homme devrait, logiquement, recourir uniquement à la science qui l'aide à agir sur les phénomènes naturels et à satisfaire ses besoins naturels. Les pratiques magiques devraient être proscrites. Mais dans le concret, on constate qu'il est loin d'en être ainsi chez beaucoup de personnes (sans doute plus agnostiques qu'athées !).

Pour l'école freudienne, il n'y a ni besoin ni désir fondamentaux : tout est régi par les désirs intermédiaires (les « petits désirs ») et essentiellement ceux qui dérivent d'une sexualité n'ayant de lien ni avec Dieu ni avec un « besoin fondamental », totalement méconnus, l'un et l'autre ! Dans ces conditions, ces désirs ne peuvent mener qu'à la mort !
Tout compte fait, quelque soit son option religieuse, l'homme doit bien constater sa souffrance causée par l'insatisfaction fréquente, inévitable, des « désirs secondaires ».
Mais c'est dans sa position par rapport au « désir fondamental », c'est-à-dire à l'amour, en fin de compte, qu'il va trouver la réaction, propre à chacun, vis-à-vis de la souffrance.

3) Les réactions des hommes devant la souffrance

Alors que l'homme est tendu vers la réalisation de ses désirs, dont il attend son bonheur, la souffrance vient constituer un obstacle à celui-ci. Les hommes ont alors tendance à réagir de façon uniforme. Mais ces réactions, spontanées, vont ensuite diverger en fonction du sens profond que chacun donne à sa propre vie, à sa relation à Dieu et aux autres.
Les réactions, chez l'homme, devant la souffrance :
Le vécu de la souffrance fait entrer l'homme dans la réalité de l'insatisfaction de ce qu'il désirait : c'est un constat incontournable !
- **Première réaction : désaccord !** Dans sa quête éperdue de bonheur, l'homme admet difficilement tout obstacle, réel ou supposé, se dressant sur le chemin qu'il suit vers le bonheur qu'il suppose. Il le refuse.

- **Deuxième réaction : colère.** C'est un cri de protestation contre le scandale de ce qui est et ne devrait pas être ! Ainsi exprimée, la colère a un aspect positif. Ce peut même être une « sainte colère »comme celle de Jésus, au Temple, devant la profanation de celui-ci par les « vendeurs du Temple ». Mais l'homme n'en reste pas là !
La réalité, ressentie par lui, c'est cette agression de la souffrance dont il ne voit aucune justification : c'est cela, pour lui, le scandale !

- **Survient alors la troisième réaction : recherche du coupable !**

Le cri de colère se change en recherche de l'auteur de l'agression. **Qui est coupable :** soi-même, les autres ou Dieu ?

    a) <u>Soi-même :</u>

Le plus souvent, **l'homme s'estime victime innocente**, dont les actes ne relèvent pas du mal. Cependant, chacun de nous peut éprouver **une culpabilité, à deux niveaux :**

- **Celui de nos actes** : nous nous reprochons parfois ceux-ci en regrettant de les avoir commis. Nous ne nous pardonnons pas à nous-mêmes la stupidité, la faiblesse ou la méchanceté dont ils témoignent de notre part. Cela peut même aller jusqu'au **remord** qui est une dérive du sentiment de culpabilité et nous fait croire que nous sommes impardonnables.
- **Celui de notre être**, de ce que nous croyons être : non aimés car non aimables **du fait d'une sorte de « mal-façon » dont nous accusons Dieu lui-même** d'être responsable. De cette erreur risque de découler une **méfiance envers Dieu**, qui, de plus, d'après l'homme, « a refusé de mettre sa Toute Puissance au service de la réalisation du désir de l'homme et a provoqué ainsi sa souffrance » !

Ces accusations vis-à-vis de nous-mêmes, nous les portons aussi sur les autres et sur Dieu !

    b) <u>les autres</u> : ils représentent la cible idéale de nos accusations concernant la cause de nos souffrances physiques ou affectives. Et, de fait, ils les occasionnent souvent. Cependant, nous avons tendance au « jugement téméraire » (allant jusqu'au « délire de persécution ».

    c) <u>**Dieu**</u> : quand nous ne trouvons pas dans les autres de responsable de nos souffrances, nous nous rabattons sur la « responsabilité de Dieu ».

C'est parfois sous la forme ambiguë de la formule « Dieu permet que... ! ». Comme si Dieu pouvait « laisser faire » par désintéressement, comme s'il se laissait « forcer la main ». Non, Dieu nous a donné **volontairement la liberté de choisir** entre le bien et le mal et, par conséquent celle de faire le bien et le mal. Ceci dans le **but bien précis de nous rendre capables d'aimer** : L'homme est une créature destinée initialement au bien, à l'amour. Il l'est dans une **création ambiguë** en ce sens qu'elle lui permet de choisir entre le bien et le mal.

En l'homme il y a cause possible de souffrance mais en la création également, comme on le verra dans l'examen de ce Plan que Dieu a établi en sachant bien ce qu'il faisait et sans la « permission » de qui que ce soit, mais en sollicitant l'adhésion libre de l'homme !

Une fois trouvé le « coupable », cause de sa souffrance, la réaction de l'homme, en fonction de son option profonde, sera :
- **quatrième réaction** : le **choix capital** entre **la justice des hommes et la justice de Dieu** (Mt 5, 20).
  A) La justice des hommes, c'est celle des « scribes et des pharisiens ». Si Jésus l'appelle « justice des hommes », c'est parce qu'elle représente la réaction à la blessure, spontanée et habituelle de chacun d'entre nous, au moins dans un premier mouvement. C'est la loi du talion, basée sur le passage de la colère à **la révolte** par adjonction de l'agressivité qui est **volonté de faire du mal**, avec violence, voir avec une certaine haine de l'autre. **C'est le choix du mal, le refus de l'amour.**
  B) La justice de Dieu, au contraire, c'est, en matière de blessure, le pardon, la miséricorde à deux entrées :
- **Celle du pardon reçu**. Dans la « **conscience de culpabilité** », c'est la « **douloureuse joie** » **du repentir** accordé par grâce de Dieu si l'on a fait du mal. C'est à la fois la **certitude d'être pardonné** grâce à l'amour de Dieu et, en même temps la **prise de conscience douloureuse** des dégâts que nous avons faits dans le domaine de l'amour. Mais c'est la joie qui l'emporte !

Dieu accorde toujours à l'homme sa miséricorde, mais l'homme ne la sollicite pas toujours et se coupe alors de l'accès au bonheur de la Vie trinitaire. C'est le risque couru dans **le remord**, dérive du sentiment de culpabilité où il y a conviction d'être impardonnable. Il y a, dans cette attitude, refus d'accorder à Dieu la joie du pardon paternel au « fils prodigue ». C'est un véritable enfermement dans la **méfiance vis-à-vis de Dieu** avec **souffrance d'insatisfaction du désir fondamental.**
- **Celle du pardon accordé** par l'homme à ses agresseurs, les responsables de sa souffrance, avec remise complète de la « dette » contractée par ceux-ci (par exemple, l'attitude d'Ingrid Bétencourt lors de sa libération !).

C'est dans le cadre de la « justice de Dieu » que l'on peut situer ce que l'on nomme, improprement, le **« pardon à Dieu »**. Il s'agit, en fait, du renoncement à une fausse « idée de Dieu » (une idole, par conséquent) ! C'est l'abandon de la méfiance avec **entrée dans la confiance**, qui est conviction et même certitude que Dieu veut et nous propose ce qu'il y a de meilleur pour nous. Normalement, les chrétiens devraient être dégagés des visions méfiantes de Dieu qui caractérisent certaines religions. Mais ce n'est pas toujours le cas, suite à une éducation qui a mis l'accent sur le « jugement » plus que sur la « miséricorde ».
La confiance en Dieu est indispensable pour faire le choix de la « justice de Dieu ». La confiance est d'ailleurs la première démarche, indispensable, de l'amour.

On voit donc que l'option « religieuse » de chaque homme influence ses réactions face à la souffrance.
Particulièrement déterminante est la « place » que chacun donne à la souffrance dans ce qu'il croit (ou ne croit pas !) être le Plan de Dieu sur la création. La diversité des opinions à cet égard explique la diversité des approches de la souffrance !
Le choix de chacun entre « justice des hommes » et « justice de Dieu » avec traduction dans les actes, revient finalement au choix d'être ou non conforme au « désir fondamental ». En étant conforme au désir fondamental, l'homme va non seulement éviter la « souffrance fondamentale », mais aussi vivre autrement les souffrances en lien avec les « désirs secondaires ».

4) <u>Y a-t-il une place pour la souffrance dans le Plan de Dieu ?</u>

La question est d'importance, posée par la réaction même du Christ devant la souffrance lors de sa passion.
Le Plan « initial » de Dieu ne comportait ni le mal ni la souffrance, mais par contre, notre liberté.
Soyons clairs : Dieu n'a pas « créé la souffrance », pas plus qu'il n'a créé le mal. Ce dernier est créé par **l'opposition volontaire à l'amour**, chez les anges ou chez les hommes. Comme tel, il est opposition au bien, au bonheur. Il est absence de bien, « sorte de trou dans la tapisserie de la création ». **Il relève de notre liberté.**
De même, la souffrance est-elle « absence de bonheur », procédant du mal, de près ou de loin, directement ou indirectement, n'entrant pas dans le Plan « initial » de Dieu pour ses créatures.

Dieu a « récupéré » la souffrance pour vaincre le mal
La survenue de la souffrance, du fait du mal, dans la création, a provoqué la « **récupération** » **par Dieu de cette souffrance !**
Dieu a retourné cette souffrance contre sa cause, le mal, pour vaincre celui-ci. Mais cette **victoire de l'amour sur le mal**, elle a un prix : la Rédemption opérée par le Christ ! C'est seulement grâce à la victoire du Christ, victoire de l'amour, que la souffrance peut être vaincue. Cette victoire a rétabli l'efficacité du Plan de bonheur de Dieu pour les hommes à la seule condition que l'homme, dans sa liberté, accepte d'y participer ! **Dieu sollicite donc l'accord de l'homme.**
Mais l'accord pour quoi ?.... Pour l'amour !

Seul l'amour permet de donner un sens à la souffrance !

Il faut donc bien s'entendre, déjà, sur ce qu'est l'amour.
L'AMOUR comporte une double réalité :
    a) Le désir et la volonté concrétisée de **donner** à l'autre tout ce qu'il est possible de lui donner pour son véritable bonheur.
    b) Le désir et la volonté concrétisée de **recevoir** soi-même de l'autre son véritable bonheur.

c) Autrement dit, **l'acceptation libre d'une dépendance d'amour vis à-vis de l'autre.**

Cette double composante de l'amour est réalisée en Dieu Lui-même chez les trois Personnes de la Trinité divine : elle est la condition même du bonheur en plénitude qui y est vécu et auquel Dieu nous offre de participer en adhérant à son Plan. Ce dernier débouche sur ce bonheur que Dieu veut pour tous les hommes. En vue de ce bonheur, le Christ a réalisé la **Rédemption** répondant au désir de Dieu « qu'aucun ne se perde ! ».

Grâce à l'amour dont elle découle, la Rédemption a donné à l'humanité la possibilité de faire déboucher la souffrance sur le bonheur et non plus sur le seul malheur!

Cette Rédemption, a permis d'éliminer les conséquences du mal (qui est opposition à l'amour) grâce à l'amour concrétisé, en Christ, allant **jusqu'à l'acceptation, par Lui, de la souffrance** (venue directement ou indirectement du mal). Cette souffrance avait fait irruption, en effet, dans la création, non pas en tant que « punition » de l'homme pour sa participation au mal, mais en tant que conséquence directe ou indirecte du mal.

La Rédemption nous offre aussi, en y participant, de donner un nouveau sens à notre vie et aussi à la souffrance que nous y affrontons.

A ce sauvetage de l'humanité débouchant sur le bonheur, la Rédemption ajoute, pour chaque homme, l'occasion de participer, **dans le Plan de Dieu, à la victoire définitive de l'amour sur le mal.** Cette victoire a été initiée en la personne du Christ lors de son **unique sacrifice.**

L'offrande de sa vie, faite par Jésus le jeudi soir avant sa passion, concrétisée sur la croix, **se renouvelle réellement lors de chaque eucharistie** afin de permettre aux hommes de toutes les générations, jusqu'à la fin du monde, **d'y participer en s'y offrant aussi**, comme le Christ. C'est cette participation que Jésus a demandée en s'adressant à Pierre juste avant l'institution de l'eucharistie : « si tu ne te laisses pas laver les pieds, tu **n'auras pas part avec moi !** » (Jn 13, 8)

L'acceptation, par le Christ, de la souffrance lors de sa passion a réalisé la libération de l'homme, son rétablissement dans la plénitude de l'amour et du bonheur. C'est cela la récupération faite par Dieu de ce qui provient d'un mal absolu, **pour un bien définitif.** Dieu a fait ce qu'il fallait. Mais quel est notre rôle à nous, notre place dans le Plan de rattrapage de Dieu, notre « participation » exacte à ce Plan ?

Nécessité de prendre position dans la lutte contre le mal

Notre place se situe contre le mal et pour l'amour. Or, vis-à-vis de l'amour, c'est tout l'un ou tout l'autre, chaud ou froid (Ap3, 16) mais pas la tiédeur ! Entrer dans le Plan de Dieu signifie, pour le chrétien, **entrer dans la confiance** qui est certitude que « tout concourt au bien de celui qui aime Dieu » (Rm 8, 28).

La participation au Plan de Dieu comportera donc, c'est certain, une certaine souffrance, puisque « celui qui veut suivre le Christ devra passer par où le Christ est passé » (1 Jn 2, 6). L'insatisfaction de nombreux désirs « secondaires » risque donc d'être notre lot, avec les souffrances correspondantes. Voilà l'explication des « épreuves » que doit traverser celui qui veut suivre le Christ. Les épreuves, il faut le rappeler, ne sont nullement des « punitions », mais toujours destinées à nous faire grandir en amour et personnalité, si nous les vivons comme « participation » à « ce qui manque aux souffrances du Christ » (Col 1, 24).

Les épreuves elles-mêmes et les souffrances qu'elles comportent ne peuvent empêcher, comme on l'a vu plus haut, que, le besoin fondamental étant satisfait, il y ait en même temps cette « joie » promise justement par le Christ à ceux qui acceptent de « participer » avec Lui. Cette joie, nul ne peut nous la ravir (Jn 16, 22).

La « participation » de l'homme au Plan de Dieu peut revêtir des aspects très particuliers, qu'il faut connaître.

Comment, en effet, peuvent s'intégrer dans le Plan de Dieu certains cas comportant :
- d'une part des souffrances liées à l'insatisfaction de « besoins secondaires »
- mais aussi des souffrances liées à une profonde « insatisfaction » du désir fondamental d'être aimé et d'aimer, avec sensation d'absence de Dieu, d'abandon de sa part et de terrible solitude.

Or, ces cas correspondent à une acceptation, par l'intéressé(e), de l'offre de Dieu de « participer » à la passion du Christ, avec désir de correspondre à l'amour et réalisation concrète de ce désir, (en général sous forme de dévouement au prochain occasionnant bien des souffrances par insatisfaction de besoins secondaires). Mais le bonheur profond qui devrait accompagner l'acceptation de l'offre de Dieu…ne se manifeste pas. Il peut même être remplacé par un mal-être, par une « absence de Dieu », voir une certaine angoisse. Cette souffrance est une véritable « nuit » dans la relation à Dieu de ces personnes qui ont désiré « communier » à la passion salvatrice du Christ et partagent effectivement les souffrances de celle-ci, mais à un degré extrême. Celui-ci ressemble (sans être comparable), à celui là même que Jésus a atteint au cours de son agonie, dans une angoisse indescriptible et sur la croix quand a jailli, de sa détresse, le cri: « Mon Dieu, mon Dieu, pourquoi m'as-tu abandonné ? » (Mc 15, 34).

L'éventualité d'une telle souffrance, assimilable à ce qu'on appelle la « purification passive des sens », ne survient que dans les cas où l'intéressé(e) a demandé à Dieu d'éprouver son amour, au besoin jusqu'à ce point. Cela est rare et étonne toujours le grand public qui a bien du mal à comprendre ! (comme dans le cas de Mère Thérèsa !).

En conclusion, ce survol du problème incontournable de la souffrance nous a permis, sinon de comprendre l'essence même de celle-ci, tout au moins d'en tirer quelques enseignements :
- importance de **la liberté** octroyée par Dieu à l'homme, en vue de l'amour, mais

responsabilité concomitante de celui-ci !
- volonté de Dieu d'assurer **le bonheur de l'homme par l'amour**
- **responsabilité de l'homme** dans la survenue du mal et de ses conséquences.
- mais **capacité de l'homme** de participer, « dans la communion des saints » (solidarité de ceux qui ont choisi l'amour !) **au rétablissement du bonheur définitif de l'humanité opéré par le Christ**. C'est le sens même de cette traversée de la souffrance à laquelle l'homme est confronté.

CHAPITRE 14

LA PRIERE

QUELLE PRIERE ?

La prière est souvent source de difficultés pour beaucoup de personnes qui déclarent ne pas savoir comment prier, n'avoir pas confiance dans la prière et n'y trouver que déception et doute.
Il est vrai que bien des confusions entourent la prière et doivent être absolument levées pour profiter de ce moyen exceptionnel qui nous est offert par Dieu pour la réalisation de notre BONHEUR.

QUESTION : POURQUOI et COMMENT PRIER ?

Qu'est-ce que la prière ? C'est un acte qui exprime notre relation au « Divin » et agit sur cette relation en l'entretenant, en la perfectionnant, mais qui peut aussi, si elle est mal faite, altérer ou détruire cette relation ! **La prière n'est donc pas seulement** l'énoncé de paroles, de formules toutes faites, accompagné de certains gestes caractéristiques. C'est tout ce qui nous met, vis-à-vis de Dieu, dans une relation de créature à créateur, qui exprime la façon dont nous vivons cette relation et la fait évoluer **dans le cadre du Plan de Dieu sur nous et du plan que nous avons pour notre vie.**
 La façon de prier montre comment nous situons Dieu par rapport à nous et nous par rapport à lui et elle tisse des relations entre nous et le Divin **en vue d'obtenir ce que nous désirons, à savoir : le bonheur** que notre Dieu veut pour nous et nous aussi.... !
Ce que nous recherchons, c'est en effet le bonheur. D'ailleurs, Dieu nous a créés pour cela, pour connaître le bonheur parfait et perpétuel dans son Royaume !
Comment réaliser ce bonheur ? Dieu a son Plan pour cela.... et chaque homme a le sien !

Le Plan de Dieu pour le bonheur comporte :

1) **son Plan sur moi** : la réalisation **entre Lui et moi d'une relation d'amour** telle que la définit Jésus lorsqu'il rappelle ce qu'est le « grand commandement » (Mt 22, 36-38) : « tu aimeras le Seigneur ton Dieu…. »
2) **son Plan sur tous** : Ce bonheur dans l'amour que Dieu veut pour moi, il le veut pour tous ses enfants. Je me rends compte, à travers Jésus, de l'amour que Dieu a pour moi **ainsi que** pour tous ses autres enfants, les hommes.

Je suis amené à avoir sur les autres **ce même regard que Dieu a sur eux** et donc à les aimer, comme moi-même je m'aime en voyant le regard que Dieu a sur moi : regard d'émerveillement et de lucidité !
Les deux parties du grand commandement sont donc semblables.

Le Plan de Dieu, c'est que je choisisse l'offre de bonheur qu'il me fait, c'est-à-dire **que mon propre plan de bonheur soit semblable au sien, donc subordonné à l'amour !**

J'ai la liberté de choisir le plan de Dieu ou de le rejeter, car, pour aimer, il faut être libre et que, par conséquent, Dieu m'a créé libre :
- d'accepter sa toute puissance d'amour
- ou de la rejeter : indépendance et refus d'amour.

LA VERITABLE PRIERE

Nous allons voir ce qui caractérise une prière véritable à partir d'un exemple tiré de la Parole :

EXEMPLE DE LA SUNAMITE (2 R 4, 8-37)

Nous voyons une femme soucieuse de servir Dieu dans la personne de son prophète Elisée, une femme d'un certain rang social, dont l'ambition est simplement de tenir « son rang », sous le regard de Dieu. Quand Elisée veut faire quelque chose pour elle, au nom du Seigneur, il apprend qu'elle est stérile. Comme, de plus, son mari est trop vieux, il n'y a, humainement, aucune chance qu'elle puisse échapper à ce qui était à cette époque un déshonneur pour une femme : ne pas avoir d'enfant ! Cela, elle le porte dans son cœur sans l'exprimer, ne sachant encore si sa stérilité fait ou non partie du plan de Dieu.
Lorsqu' Elisée lui promet, de la part de Dieu, qu'elle aura un fils, elle a encore du mal à croire que tel est le plan de Dieu, la volonté de Dieu !
Un changement va s'opérer en elle quand elle a un fils l'année suivante et elle adhère alors pleinement au plan de Dieu, à tel point que, quand survient l'accident de l'enfant, elle croit fermement que s'accomplira la volonté de Dieu :

Elle aura un fils ! On retrouve là la même attitude que chez Abraham qui, bien que Yahvé lui ait demandé de sacrifier son fils, ne doute pas qu'il aura la descendance promise ! On retrouve la même conviction d'être conforme au plan de Dieu que chez la veuve qui « cassait les oreilles » du juge inique ! (Lc 18, 1-8).

Cette attitude de confiance, de foi, la sunamite va la garder tout au long de la démarche qu'elle fait ensuite auprès d'Elisée dans l'humilité. Elle sait faire la différence entre le manque de foi du serviteur, qui ne peut donc obtenir de résultat et la foi d'Elisée qui, rejoignant la sienne dans le désir d'accomplir le plan de Dieu, va obtenir le résultat souhaité !

Chez la sunamite sont réunies les trois conditions pour être exaucée :
- humble supplication vis-à-vis de la Toute Puissance de Dieu
- foi confiante
- accord total avec le plan de Dieu.

Ces mêmes conditions sont aussi remplies par Elisée, c'est pourquoi la prière de celui-ci obtient le résultat escompté.

POURQUOI DIEU A-T-IL AGI COMME LE DEMANDAIT LA SUNAMITE ?

Comment les conditions ont-elles été remplies par la sunamite et par Elisée pour que «Dieu agisse» ? :
- la sunamite ne s'adresse pas directement à Dieu, dans ce qui est rapporté au cours du récit.

Par contre, **elle témoigne**:
- de la toute puissance de Dieu, à travers son prophète Elisée
- de sa foi en Dieu
- de la concordance de son plan avec le Plan de Dieu, qu'elle rappelle à Elisée, quand elle lui saisit les pieds et l'interpelle (2 R 4, 27-28).

Elle recourt à l'intermédiaire qu'est Elisée auprès de Dieu, lequel va agir :
- directement, par un miracle, effectué au nom de Dieu,
- mais aussi, indirectement, par une prière d'intercession (verset 33) (verset 35 : cf les différentes façons de prier de Saint Dominique).

Ainsi, Elisée répondait, lui aussi, aux trois conditions d'exaucement de la prière.

On voit donc qu'il y a eu :
- recours à la prière directe
- recours à un intermédiaire

Mais que, **au préalable, il y a eu satisfaction des trois conditions nécessaires pour l'exaucement.** A aucun moment il n'y a eu recours à la magie (intervention d'un autre pouvoir que celui de Dieu), ni au chantage : « si tu ne m'exauces pas Seigneur, c'est que tu ne respectes pas ta Parole » !

LA PRIERE DU CHRETIEN

Le chrétien accueille la toute puissance d'amour de Dieu. En conséquence :
a) **il témoigne de la toute puissance de Dieu** en lui adressant une prière d'adoration et de louange pour sa gloire. Cela, d'autres que les chrétiens le font aussi.
b) **il témoigne de l'amour infini que Dieu manifeste à tous les hommes**, en particulier en la personne de Jésus dans l'incarnation, la rédemption. Il adresse à Dieu une prière de remerciement pour cet amour infini et ce qui en est résulté pour notre salut.
   La prière du chrétien est donc un remerciement à Dieu, **à « la louange de sa grâce » en Jésus** Christ, pour ce salut. Seuls les chrétiens peuvent prier ainsi.
c) **il adresse en retour, à Dieu, une déclaration d'amour** par laquelle il accueille, dans la confiance, le plan d'amour de Dieu dans ses deux parties (les deux volets du « grand commandement »), à la fois sur lui et aussi sur le prochain, c'est-à-dire tous les hommes !

Il proclame ainsi **la soumission libre de son propre plan à celui de Dieu**. C'est la prière chrétienne dans son application à notre vie concrète.

<u>Tels sont les trois piliers sur lesquels s'échafaude la prière du chrétien, du disciple du Christ, découlant de son choix de l'amour</u> et témoignant de ce choix.

Il ne s'agit donc pas, pour le chrétien, à travers la prière (par ex. celle concernant parfois la « montagne » qui barre la route de sa vie) :
- ni de gagner un « pouvoir » : « je possède un pouvoir sur cette montagne ! ».
- ni de gagner un « pari » : « je vous parie que cette montagne va se jeter dans la mer si je le lui ordonne ! »
- ni d'obliger Dieu à changer son Plan en faveur du mien que je trouve meilleur et qui est d'être débarrassé de cette montagne sans me poser de question et sans conversion de ma part !

Nous allons voir quelques exemples tirés de la Bible en cherchant, dans chacun, la présence ou l'absence de ces trois « piliers » de la prière. Certains de ces exemples ne sont pas, à proprement parler, des « prières » comme on l'entend le plus souvent. Ils le sont cependant, dans la mesure où s'établit une relation à Dieu avec reconnaissance, plus ou moins selon les cas, de sa toute puissance, de son amour, de la concordance entre le plan de Dieu et celui des personnes concernées.

A) **L'annonciation** : C'est la conformité, au Plan de Dieu, du plan personnel de Marie. C'est au plan de Dieu que Marie donne la prépondérance. Viennent ensuite la foi et la reconnaissance de la toute puissance de Dieu. C'est le modèle même de la prière chrétienne !

B) Pour **le songe de Joseph**, époux de Marie, c'est pareil.

C) Pour **Marthe, à la réanimation de Lazare**, ce qui prime, c'est d'abord la reconnaissance de la toute puissance de Dieu en Jésus : « tout ce que tu demanderas à Dieu, Dieu te le donnera » (Jn 11, 22). Par contre, il y a une difficulté au niveau de la confiance en l'amour de Jésus pour Lazare et pour elle puisqu'elle lui reproche son absence : « si tu avais été ici, mon frère ne serait pas mort ! » (Jn 11, 21)

D) **Pour Pierre, lorsque Jésus annonce la nécessité de sa passion**, ce qui est premier, c'est l'amour de Pierre pour Jésus. Mais cet amour est faussé ainsi que la « prière de Pierre » car il manque la conformité du plan de Pierre à celui de Dieu et car il y a incompréhension de ce qu'est la toute puissance de Dieu : une toute puissance d'amour désireuse du salut des hommes (Mt, 16, 21-23), donc entraînant le sacrifice du Christ.

E) Pour la **prière du centurion** en faveur de son serviteur (Mt 8, 5-13), c'est d'abord la reconnaissance de la toute puissance de Dieu en Jésus, mais aussi, la foi en l'amour de Jésus.

F) **Pour Marie à Cana**, c'est le témoignage envers la toute puissance de Dieu en Jésus, mais c'est aussi la foi en l'amour de Jésus pour les hommes, en sa compassion pour ces mariés, qui va donner à Marie la certitude que le Plan de Jésus est bien celui de Dieu lui-même (Jn 2, 1-11).

G) Bien avant cela, Marie avait été affrontée au problème de la conformité de son plan avec celui de Dieu lorsque Jésus avait fait sa « **fugue** » **au Temple**. Elle n'avait pas, alors, compris pourquoi Jésus avait fait cela, mais en portant dans son cœur cet événement, elle avait pu comprendre, plus tard, qu'il était conforme au plan de Dieu.

H) Dans le récit **de la guérison de Naâman** (2 R 5, 8-15), la prière est exaucée quand Naâman accepte le Plan de Dieu au lieu du sien : faire ce qu'Elisée lui commande au lieu de ce qu'il pensait avoir à faire ! Ceci prime sur la reconnaissance de la toute puissance de Dieu et sur la reconnaissance envers Dieu, qui vont venir ensuite.

I) **Dans la parabole du pharisien et du publicain** (Lc 18, 9-14), chez le pharisien il n'y a ni adoration de la toute puissance de Dieu car il se tient devant Dieu comme s'il était à égalité, ni remerciement pour l'amour de Dieu. En effet, le pharisien s'estime sauvé par lui-même : il n'a pas besoin de Dieu et encore moins de son prochain, qu'il méprise. Le publicain adore Dieu et marque la distance en restant, humblement, à l'entrée du temple. Il célèbre la bonté de Dieu dans sa miséricorde et montre son désir de conformer son plan à celui de Dieu.

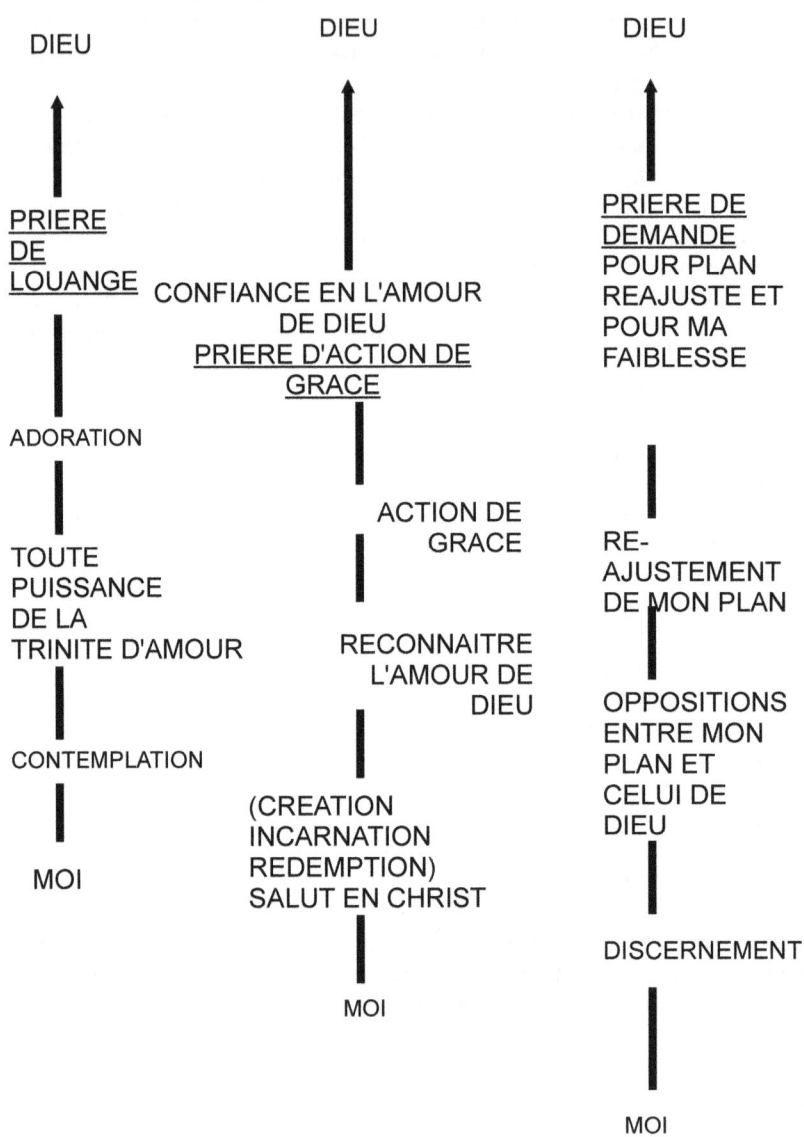

COMMENT PRIER ?

Nous allons maintenant voir comment, en nous apprenant à prier le « Notre Père », Jésus nous propose, en fait, ces trois « piliers » qui définissent notre relation à Dieu.

LE NOTRE PERE (Mt 6,7-13) (Lc 11, 2-4)

Il commence par l'acte d'**adoration** du « Trois fois Saint », mais ne sépare pas l'adoration de la proclamation de l'amour paternel infini de Dieu puisque nous pouvons dire à Dieu : « notre Père ». C'est la louange au Dieu-Amour !
Nous proclamons la Toute Puissance et l'amour infini de Dieu !
- « Notre Père qui es aux cieux, que ton nom soit sanctifié, que ton règne vienne... »

Puis c'est **l'acceptation du plan de Dieu** et le souhait de son aboutissement :
- « que ta volonté soit faite sur la terre comme au ciel... »

Nous exposons ensuite **ce qui, dans notre plan, est conforme au plan de Dieu**. C'est tout ce que Jésus nous a indiqué et que, **dans notre faiblesse**, nous sollicitons de la bonté de Dieu :
« **donne nous aujourd'hui notre pain de ce jour** », demande qui englobe tous nos besoins légitimes. Ce que nous demandons ensuite va bien souligner la concordance nécessaire entre le plan de Dieu, qui est construit sur l'amour, donc sur la compassion et la miséricorde, et notre plan qui doit donc s'en imprégner :
« **pardonne nous nos offenses comme nous les pardonnons** aussi à ceux qui nous ont offensés ». Cela souligne, après le courant d'amour infini de Dieu vers nous, exprimé dans sa miséricorde, la nécessité d'un courant d'amour miséricordieux partant de nous vers notre prochain. Ceci est particulièrement souligné par Matthieu : (Mt 6, 14- 15).
Le danger de chute que représente la tentation nous fait demander au Père son secours et sa protection : « ne nous laisse pas succomber à la tentation ».
Enfin, nous rappelons le choix de l'amour que nous avons fait au baptême et qui nous a placés dans « la main du Père » auquel nous faisons confiance pour **nous protéger de tout mal**, c'est-à-dire de tout ce qui est contre l'amour et voudrait nous déstabiliser (Jn 10, 29).

DEVONS NOUS PRECISER DANS LE DETAIL NOS DEMANDES A DIEU ?
Jésus nous dit qu'avant même que nos demandes soient formulées sur nos lèvres, Dieu les connaît (Mt 6, 8). On peut alors se demander s'il est nécessaire d'exprimer nos besoins, nos désirs ? Si c'est dans l'idée que les détails de « notre plan », les arguments que nous avons pour le « défendre » devant Dieu, c'est cela l'important, alors nous sommes dans l'erreur et nous faisons une fausse manœuvre !

Si, par contre, nous voulons, en exprimant devant Dieu les données de notre problème, lui **remettre entièrement et honnêtement celui-ci et sa solution**, alors il nous faut aussi avoir un temps de réflexion pour **prendre conscience des origines du problème en question, de tout ce qui est en cause, des répercussions que cela entraîne pour moi et pour les autres.**

Dans ce même passage de Mathieu, Jésus nous recommande de « ne pas rabâcher », c'est-à-dire, de ne pas insister plus que de raison, comme si nous n'avions pas confiance en Dieu ou comme si, en faisant ainsi, on pourrait obliger Dieu à nous obéir !

Ne pas rabâcher n'a rien à voir avec la recommandation faite dans la parabole de la veuve et du juge inique de **persévérer dans la prière (Lc 18, 1-8).**

REFLECHIR AVANT DE DEMANDER

Il me faut non seulement **voir qu'il y a une montagne qui barre ma route, mais voir de quoi elle est faite ?** Qui l'a mise là ? quelle part me revient dans son apparition, qu'est ce que cela entraîne de mauvais pour moi et les autres ?

Alors, c'est en connaissance de cause que je pourrai conclure que cette montagne doit disparaître **si elle contrarie vraiment le plan de Dieu** et pas seulement mon confort personnel. Et c'est en accord avec le plan de Dieu, dans la foi, donc dans la confiance, que je pourrai dire à cette montagne « au nom de Jésus, va te jeter dans la mer » (Mc 11, 22-23), cette mer qui représente tout ce qui est contre Dieu, car j'ai acquis la certitude, dans la lumière de l'Esprit saint, **que cette « montagne » était bien un obstacle au plan de Dieu.**

La disparition de cette montagne viendra alors confirmer la justesse de ma prière, c'est-à-dire la concordance entre le plan de Dieu et mon plan à moi !

Autrement dit, avant de commander à cette montagne de se jeter dans la mer, il aura fallu faire l'effort de voir clair, **changer déjà certaines choses en moi**, renoncer à **ces « chaînes »** dans lesquelles je me suis laissé enfermer, lutter contre **les emprises** qui m'empêchent d'être libre et même parfois me rassurent faussement, abandonner certains pouvoirs abusifs, certaines illusions, certains rêves confortables ! Bref, ne pas attendre que le Seigneur fasse tout !

Mais, en même temps que je comprends l'importance de réfléchir, je me rends compte que, pour réfléchir de façon juste, j'ai besoin du secours de l'Esprit Saint. En effet, je subis tellement d'influences qui viennent de mon milieu et de ses préjugés, de mon histoire personnelle, de mes expériences heureuses et malheureuses, que **je risque de ne plus discerner** convenablement. Je dois donc demander à l'Esprit Saint de m'éclairer. Or, Jésus nous a promis que le Père ne refuserait jamais l'aide de l'Esprit à ceux qui le lui demandent (Lc 11, 13).

— Donc, du côté de Dieu, pas de problème :

a) n'ayons pas peur de le « déranger », puisque Jésus nous affirme que c'est à cause de notre importunité même que Dieu nous exaucera (Lc 11, 8).
b) ne craignons pas de recevoir de lui du mauvais en demandant du bon : (Lc 11, 9-13).

Mais comprenons bien **que nous devons demander vraiment ce qui est bon**, donc ce qui est dans le plan de Dieu et non le contraire. Certes, il ne donnera pas de scorpion à son enfant qui lui demande un œuf, mais si son enfant lui demande bêtement un scorpion, il le lui refusera certainement !
- **C'est donc de notre côté qu'il y a une difficulté pour demander vraiment ce qui est bon**, donc pour l'apprécier **selon notre conscience. Mais qu'est-ce que « notre conscience » ?**

LE ROLE DE LA CONSCIENCE

C'est là qu'intervient ce qu'on appelle la « conscience ». Mais la conscience n'est pas un simple lieu de décision de ce qui est bien et de ce qui est mal, **où j'ai le pouvoir de décider de cela sans appel et au gré de ma fantaisie**. Notre conscience doit être à l'écoute de Dieu. Elle comporte deux parties :
    a) la conscience spirituelle
    b) la conscience psychologique
    a) **La conscience spirituelle** est du domaine de l'esprit, sous la dépendance de l'Esprit Saint qui cherche à y insuffler la Sagesse de Dieu. C'est à ce niveau que se produit, par exemple, l'effusion de l'Esprit qui nous communique la Vérité venue directement de Dieu, sans le relais de notre intelligence. **C'est en elle que la grâce de la foi nous est proposée** gratuitement par Dieu et qu'est sollicitée notre adhésion à l'amour de Dieu. C'est à partir d'elle que la grâce va ensuite diffuser dans la globalité de notre être. Ainsi, c'est la conscience spirituelle de Saül que le Seigneur a visitée sur le chemin de Damas, sans passer par ses facultés intellectuelles !

C'est au niveau de notre conscience spirituelle que s'établit en nous la certitude que Dieu est amour.

Parfois, cependant, notre conscience psychique cherche à interférer avec notre conscience spirituelle. Elle provoque une confusion entre ce qui n'est que « convictions » établies au niveau de notre psychisme et ce qui est certitude née au niveau de notre conscience spirituelle. Par exemple, lors de la rencontre « amoureuse », la découverte qu'en l'autre existe une capacité d'amour véritable, car cet autre est « image de Dieu », relève de la certitude (conscience spirituelle), mais pas l'opinion, venant de l'analyse des caractéristiques humaines de l'autre et concluant, dans ma conscience psychique, à son amabilité.

Je puis donc me tromper lourdement à ce niveau : la certitude, c'est que l'autre est capable de m'aimer véritablement, mais j'ai seulement la conviction qu'il le désire et veut vraiment le réaliser !

Par contre, quand l'Esprit Saint nous « saisit » et nous donne la certitude de l'amour de Dieu pour nous, il n'y a pas interférence de notre psychisme. Quiconque a vécu ces deux genres d'expérience comprend cela parfaitement.

En fait, la confusion, dans ce domaine, vient de l'imprécision du mot « aimer », particulièrement dans la langue française.

Dans cette description de notre « conscience spirituelle » on reconnaîtra les caractéristiques de notre « **conscience morale spirituelle** » qui dépend de notre « esprit ». Ces caractéristiques ont été décrites dans les chapitres 1 et 15. Dans le chapitre 1 ont été décrites les caractéristiques de notre « **conscience morale charnelle** » ou « conscience psychique », qui dépend de la partie « charnelle » de notre âme et que nous allons voir maintenant.

    b) **La conscience psychique** est du domaine de nos facultés intellectuelles, subordonnée aux mécanismes de notre psychisme, très influencée par notre vie matérielle, affective et souvent en opposition avec ce qui, venant de notre conscience spirituelle, cherche à infléchir nos pensées et nos activités dans le sens du plan de Dieu. Au niveau de notre conscience psychique, le plan de Dieu subit très souvent des influences psychiques purement humaines qui vont le défigurer. Ainsi notre conscience psychique a tendance à se targuer de pouvoir, à elle seule, **discerner ce qui est bien et ce qui est mal**. Autrement dit, à ce niveau existe toujours, pour nous, la tentation de manger du fruit défendu de l'arbre de la détermination du bien et du mal, comme nos premiers parents.

Au niveau de notre conscience spirituelle, nous bénéficions des « certitudes » communiquées à notre esprit par l'Esprit Saint et donc de **la Vérité** qui est en Dieu et dont Jésus est venu, dans ce monde, rendre témoignage (Jn 18, 37). C'est cette Vérité qui se communique de notre esprit à notre "âme spirituelle", à notre "conscience spirituelle".

Au niveau de notre conscience psychique, nous ne possédons pas la Vérité, mais seulement des **convictions**, établies conformément aux données de nos facultés d'observation, de déduction et d'analyse et qui sont toujours relatives, même si elles s'avèrent exactes dans un système donné. De mêmes que les données de la science ne peuvent être érigées en absolu, de même les convictions de notre conscience psychique ne doivent pas, elles non plus, être érigées en absolu, car elles sont toujours révisables à la lumière de la Vérité de Dieu dont « les voies sont bien au dessus de nos voies » (Is 55, 8-9). Ces convictions issues de notre psychisme ne doivent pas nous dicter **nos choix, qui, eux, doivent être conformes à notre conscience spirituelle** dans la dépendance acceptée de la Sagesse de Dieu !

Nos droits et nos devoirs, qui relèvent des « droits de l'homme », ne doivent pas être édictés par la conscience psychique de la majorité des citoyens, sujette aux variations de la mode, aux convoitises désordonnées des uns et des autres qui se croient dégagés de toute subordination à Dieu.
Nos droits et nos devoirs nous sont rappelés par l'autorité transcendante de Dieu qui s'exprime de plusieurs façons :

1) <u>en premier lieu par l'action directe de l'Esprit Saint au niveau de notre conscience spirituelle.</u>

Les certitudes qui nous sont données à ce niveau entrent souvent en conflit avec les convictions de notre conscience psychique, plus attrayantes en général ! Il y a mauvaise foi à prétendre agir « en notre âme et conscience » quand nous faisons bon marché des appels impératifs de notre conscience spirituelle, c'est-à-dire des appels de la Sagesse de Dieu, pour succomber à la tentation de suivre notre conscience psychique. C'est le cas, par exemple d'une mère de famille qui n'hésite pas à abandonner non seulement son mari mais aussi ses jeunes enfants pour suivre, dans un élan passionnel, un amant qu'elle prétend lui avoir été envoyé par Dieu pour vivre, avec lui, « le plus authentique amour de tous les temps » !
C'est aussi le cas d'un homme marié qui, en conflit avec sa femme, prierait à chaque messe, en toute bonne conscience, pour que le Seigneur lui montre, dans l'assistance, la femme bien chrétienne susceptible de remplacer la sienne ! Ce sont là des "cas vécus!"

2) <u>Dieu nous instruit aussi par sa Parole, pour nous montrer le bien, le mal et son plan sur nous.</u>

Cette instruction de notre conscience psychique relève de notre intelligence, mais exige au **préalable l'adhésion confiante à la Parole de Dieu au niveau de notre conscience spirituelle**, sinon, c'est l'homme « psychique » qui prend en nous le dessus et qui interprète la Parole de Dieu en fonction de ce qui arrange ses désirs « impurs », (c'est-à-dire en opposition avec le désir de Dieu !).

3) <u>L'Eglise nous instruit</u> en transmettant la Bonne Nouvelle, dans la tradition des apôtres. Jésus, à travers eux, lui a confié cette mission d'instruire les chrétiens par la transmission de sa Parole et de dire au monde ce que Jésus lui-même a enseigné. Pour cela, l'Eglise a reçu une autorité doctrinale, c'est-à-dire la capacité de dire, de la part de Dieu, la doctrine juste, la vérité (Mt 28, 18-20). Elle « tire de son trésor des choses nouvelles et des choses anciennes » en ce sens qu'avec l'assistance de l'Esprit Saint, elle trouve les **réponses concrètes adaptées aux problèmes de chaque époque, à partir de ce que Jésus lui a enseigné.**

4) C'est ce qu'on appelle la « tradition », laquelle n'est pas une fixation figée de la doctrine du Christ à un moment donné, mais son application au temps concret qui est le nôtre, afin de nous montrer où sont le bien et le mal pour que nous puissions suivre Jésus comme il le désire! (Lc 9, 23-24)

Par ailleurs, les documents et confessions de foi des conciles représentent des repères stables pour suivre le Christ « chemin, vérité, vie » ! Entre les conciles successifs, le rôle de gardien de la doctrine est tenu par le successeur de Pierre en accord avec « l'Eglise universelle ». L'Eglise accomplit, auprès de nous tous, cette tâche d'enseignement en raison de la mission d'évangélisation que lui a confiée Jésus : « qui vous écoute m'écoute » et « allez proclamer la Bonne Nouvelle... » (Mc 16, 15).

Tout cela met en œuvre les ressources de notre intelligence, mais nécessite, au préalable, au niveau de notre conscience spirituelle, une confiance absolue en Celui qui nous invite à l'écouter lui-même à travers l'écoute de son Eglise.

Si j'ai vraiment réalisé tout cela, c'est avec l'assurance d'être en accord avec le plan de Dieu que je dirai à la montagne-obstacle « sors de là et jette toi dans la mer ! ». Le résultat sera alors à la hauteur de ma foi.

Mais si je n'ai pas, préalablement, « fait le ménage en moi », si je n'ai pas accordé mon plan avec celui de Dieu, il y a fort à parier que je n'obtiendrai pas le résultat demandé. Je serai alors tenté de reprocher à Dieu de « n'avoir pas tenu ses promesses », oubliant que c'est moi qui n'ai pas tenu celles de mon baptême : servir le seul vrai Dieu et non mes « idoles », soumettre mon plan à celui de Dieu, faire confiance à Dieu et l'aimer vraiment ainsi que mon prochain !

Mais, **quand nous avons fait un choix d'attitude et d'action, il faut ensuite mettre en pratique**. C'est là que nous allons buter sur certains obstacles contre lesquels nous nous sentons bien faibles et démunis. La prière du chrétien comporte donc aussi l'imploration d'une **aide de Dieu pour vaincre ces obstacles** qui s'opposent à la réalisation de notre plan.

Encore faut-il nous rendre compte de ces obstacles, de quoi ils sont faits et d'où ils viennent. Il y a là, pour nous, un travail à faire.

<u>EXAMEN DES OBSTACLES RENCONTRES
SUR LE CHEMIN DU ROYAUME</u>

Pour aller vers le Royaume, **nous rencontrons des obstacles** qui sont comme des montagnes en travers du chemin et nous paraissent infranchissables. Ils nous gênent :
    A) pour témoigner de la toute puissance de Dieu
    B) pour accueillir son amour et donc pour l'aimer, pour nous aimer nous-mêmes ainsi que le prochain
    C) pour adhérer au plan de Dieu et soumettre notre propre plan au sien.

Lorsque nous avons difficulté à réaliser les trois points ci-dessus, c'est le signe qu'il y a une « montagne » en travers de notre chemin. Qu'est-ce qui a construit cette montagne, qui l'a placée là ? De quoi cela provient-il ?: de tout ce qui provoque le mal, de ce qui donne la possibilité d'un choix contre l'amour, donc pour le mal.

Ce sont nos erreurs, nos fautes, nos péchés et ceux des autres, qui constituent autant **d'épreuves,** car tout cela est pour nous occasion de choix :
- soit de réactions contre l'amour et donc source de chute
- soit de réactions dans l'amour et donc source de progrès

COMMENT DEBLAYER NOTRE CHEMIN ?

<u>Comment les hommes s'y prennent-ils pour déblayer les</u> obstacles qu'ils rencontrent?

I) Ils peuvent utiliser les capacités que Dieu leur a données dans leur nature même et celles qu'ils ont développées par leur travail, leur intelligence en obéissant au commandement de Dieu : « remplissez la nature et dominez la ! » (Gn 1, 28). C'est normalement la première chose à faire.

II) <u>Ils peuvent prier directement Dieu d'intervenir</u>. Cette prière **suppose la croyance en la toute puissance de Dieu, la foi en son amour, mais aussi en la légitimité de notre demande,** autrement dit, la confiance en sa bonté infinie, en sa toute puissance, mais aussi la conviction que notre projet coïncide avec le plan de Dieu ! **Satisfaire à ces trois conditions est indispensable pour l'aboutissement d'une prière de demande à Dieu !** Cette prière peut revêtir différentes formes : prière de demande à Dieu, ou, dans certains cas, prière « d'autorité » effectuée « **au nom de Jésus** »

<u>Ils peuvent aussi solliciter l'intervention de quelqu'un qu'il croient capable d'agir au nom de Dieu ou d'intercéder auprès de Dieu</u> pour obtenir le résultat souhaité.

La capacité d'agir efficacement au nom de Dieu, alors qu'il s'agit d'un problème insoluble par les moyens d'action humains habituellement employés, est attestée par Jésus quand il envoie disciples et apôtres en mission avec certains « pouvoirs ».

Dieu passe alors par l'intermédiaire de l'homme pour guérir des anomalies relevant de maladies diverses, d'accidents, ou encore d'actions malfaisantes d'origine diabolique. Dans tous ces cas, la guérison consiste dans le rétablissement d'un fonctionnement normal ou d'une constitution normale de la personne, **qu'il s'agisse de son corps, de son « âme » psychique ou de son esprit. Le « miracle » est avant tout rétablissement de l'ordre normal des choses et relève de la Toute Puissance de Dieu.**

Mais qui est habilité pour agir au nom de Dieu ? A priori, tous les disciples envoyés par le Seigneur pour évangéliser le monde et ceux qui auront cru à la Bonne Nouvelle, sont habilités à agir **en son nom** (Mc 16, 15-18).

La capacité d'intercéder auprès de Dieu pour que se réalise un de nos désirs est aussi donnée à tous ceux qui sont capables de prier et qui le font dans la « communion des saints », c'est-à-dire dans cette communion d'amour qui réunit ceux qui aiment Dieu et lui font confiance. **Cette communion des saints** englobe non seulement les vivants que nous sommes, mais aussi tous ceux qui ont choisi l'amour durant leur vie et qui, décédés, sont déjà dans la plénitude de la « vision béatifique » ou s'y préparent par la purification dite du « purgatoire ».
On s'adresse plus volontiers à certains d'entre eux qu'on appelle « les saints », dans la mesure où l'on pense que leurs mérites notoires apportent plus de poids, auprès de Dieu, en faveur de ce que nous désirons obtenir.
C'est comme quand on a une faveur à demander au préfet : il vaut mieux se faire appuyer par le secrétaire général que par un planton à peine connu du préfet !
Dans tous ces cas d'intercession, c'est la toute puissance de Dieu qui agit, et non celle des intercesseurs, en raison de l'amour que Dieu a pour nous, et dans le cadre de ce qu'il a prévu comme étant le meilleur pour nous et qui n'est autre que **son plan d'amour pour chacun de nous et pour tous.**

Enfin, Dieu agit aussi d'une façon qui dépasse l'ordre « naturel » des choses par le biais des **sacrements** dont il a confié « l'administration » à certains dans son Eglise, et sous certaines conditions. Ces sacrements ont, entre autres, un effet « guérissant » !

En résumé, pour vaincre les obstacles rencontrés sur leur route dans l'accomplissement du plan de Dieu, les chrétiens ont à leur disposition des moyens, fournis par Dieu, mais qui ne seront efficaces et conformes à la volonté de Dieu que s'il y a :
- adoration sincère avec **croyance en la toute puissance de Dieu** clairement exprimée
- amour véritable, donc **confiance dans le plan de Dieu exprimée dans la foi**
- **soumission du plan personnel** au plan de Dieu. Pour cela, nécessité d'une **transparence**, c'est-à-dire d'un effort pour connaître le plan de Dieu sur nous et d'un examen « en pleine lumière » de ce qu'il y a au fond de notre cœur : sentiments, confiance ou méfiance, amour, haine ou indifférence par rapport à Dieu et aux autres, qui sont des désirs caractérisant notre « plan personnel ». Ainsi pourrons nous, alors, clairement constater la convergence ou la divergence entre le plan de Dieu et le nôtre !

LE RECOURS A DIEU NECESSITE DE FAIRE LE POINT
Chacun de nous doit **faire la lumière en lui :**
   1) **sur ce qu'il désire au fond de lui-même** (voir clair en soi)
   2) **sur les moyens qu'il compte employer pour satisfaire ses désirs**
   3) **sur la conformité ou l'opposition entre ces désirs et le plan de Dieu.**

C'est ce que Jésus nous conseille dans la parabole du constructeur de tour et dans celle du roi qui part en expédition de guerre. Nous devons savoir ce que nous voulons faire exactement : quel genre de tour, pour quel usage ? en sachant quels efforts seront nécessaires, quels moyens nous avons pour le réaliser et voir enfin si c'est conforme au plan de Dieu. Au lieu de cela, très souvent, nous cherchons, sans réfléchir, à satisfaire nos désirs, sans savoir où cela nous mène, **sans chercher à savoir si Dieu est d'accord !** Il faut donc, d'abord, se poser, réfléchir et prier. Cela permet alors de :

- VOIR CLAIR EN SOI :
   a) Reconnaître sa « position de vie ». Suis-je dans le registre « sauveteur » ou « victime », ou bien dans la position juste d'enfant de Dieu, pêcheur pardonné et merveille pour Dieu ?
   b) Suis-je libre ou sous emprise et sous laquelle ou lesquelles ?
   c) Suis-je « transparent » par rapport aux autres ?
   d) Suis-je dans l'orgueil ou l'humilité ?
   e) Y a-t-il en moi de l'envie, c'est-à-dire refus du plan de Dieu sur moi, ou de la jalousie, c'est à dire refus du plan de Dieu sur les autres ?
   f) Suis-je au clair dans la question du pardon ?
   g) Suis-je dans la justice de Dieu ou dans celle des hommes ?

C'est seulement si nous avons pris le temps d'examiner, avec le Seigneur, les réponses à ces questions que **nous saurons ce qu'il y a en nous.**

Mais comment mener à bien ce travail de connaissance de nous-mêmes ? Nous ne le pouvons pas tout seul, mais avec l'aide de l'Esprit Saint qui sera accordée à tous ceux qui le demandent à Dieu dans l'humilité.

L'aveu, par nous-mêmes, de notre faiblesse est la clef qui nous ouvre la compassion de Dieu. C'est notre faiblesse qui nous rend difficile l'alignement de notre plan sur celui de Dieu. Aussi, notre prière doit-elle comporter, en premier lieu, un recours à la toute puissance de Dieu et à son amour infini. En effet, c'est cet amour qui entraîne, de la part de Dieu :
   - compassion pour notre faiblesse
   - miséricorde pour notre péché.

D'où la nécessité de commencer par la louange du Seigneur :
   - pour sa toute puissance
   - pour son amour

Certes, le secours de l'Esprit Saint est primordial pour nous éclairer, mais **nous devons aussi nous faire aider par nos « frères »**, d'où la nécessité d'un accompagnement spirituel quand une montagne barre notre route.

PRIER « AU NOM DE JESUS »

Avant de quitter ses apôtres, Jésus leur dit « jusqu'ici, vous n'avez rien demandé en mon nom : « demandez et vous recevrez pour que votre joie soit parfaite » (Jn 16,24).

Quand on parle ou qu'on agit « au nom » de quelqu'un, cela suppose que l'on est mandaté par lui, en accord avec lui.

Si nous voulons demander « au nom de Jésus », nous devons vérifier notre plein accord avec lui, donc vérifier la correspondance de notre plan avec celui de Dieu. Si tel est bien le cas, alors, mais alors seulement, nous pourrons prétendre demander quelque chose à Dieu **vraiment au nom de Jésus**, c'est-à-dire en conformité avec son désir.

Si mon plan ne correspond pas à celui de Dieu et que j'en suis conscient, ma prière n'est plus une prière, mais une exigence, par rapport à Dieu, pour qu'il change d'avis et **qu'il modifie son plan et l'accorde au mien que je prétends meilleur** ! C'est un peu fort !

Au contraire, si je commence par reconnaître que le plan de Dieu est le meilleur mais que ma faiblesse me le rend difficile, voir même impossible à suivre et que, de ce fait, je supplie Dieu **de m'aider dans mes épreuves, car à lui tout est possible** (Mt 19, 26) ma prière est bonne ! Dieu, alors, va réaliser « l'impossible » pour palier à ce que je ne réussis pas à faire en raison de ma faiblesse. Mais cela ne veut pas dire que Dieu a promis de faire à ma place, sous forme d'un miracle ! Je dois rester dans le respect du plan de Dieu et dans l'humilité….et cela change tout ! En effet, c'est sur l'éclairage de ma conscience par rapport au plan de Dieu, sur l'aveu de mon incapacité à réaliser ce plan d'amour de Dieu à moi tout seul et sur ma totale confiance en Dieu, que va s'élaborer ma prière et **non sur l'espoir qu'il va changer son plan pour adopter le mien et faire un miracle. Si je me présente devant Dieu en exigeant qu'il fasse un miracle, faute de quoi je l'accuse de parjure, alors je renverse les rôles et je suis de mauvaise foi.**

Ainsi, si je suis affecté par une pénible maladie, tout en m'efforçant d'accepter le plan de Dieu dans la confiance en ce que tout cela débouchera finalement sur un bien pour moi, je vais supplier Dieu de me secourir afin que ma faiblesse ne soit pas cause de désespoir ou de révolte! Une des formes de secours envoyée par Dieu sera alors, peut-être la guérison de ma maladie. De toutes façons, sous une forme ou sous une autre, Dieu va me secourir : « si un pauvre appelle, Dieu l'entend ».

QUE FAIRE EN CAS D'ECHEC APPARENT DE LA PRIERE ?

Qu'est-ce qu'un échec, dans le cas de la prière ?
En réalité, puisque la prière est célébration de la toute puissance de Dieu, de l'infini de son amour et de l'excellence de son Plan sur nous, le seul véritable échec de notre prière serait la non réalisation de ce Plan de Dieu. Or, ce qui peut empêcher la réalisation du Plan d'amour de Dieu sur nous, c'est l'opposition qu'y met notre propre plan.

En fait, ce que nous considérons comme échec de la prière, c'est plutôt l'échec de notre plan, le refus de soumettre notre plan à celui de Dieu. L'échec, alors, ne vient pas de Dieu mais de nous :
1) parce que nous demandons ce qui n'est pas du Plan de Dieu (Jc 4, 3).
2) par ce que la façon d'obtenir ce que nous désirons n'est pas la bonne, alors même que notre désir serait conforme au Plan de Dieu.
3) Comme le dit Jacques, nous demandons et n'obtenons pas parce que nous demandons quelque chose contraire au plan de Dieu : au lieu de « demander un œuf », nous demandons un scorpion. Dieu ne peut répondre à une telle prière. A nous, donc, de chercher quelle est la volonté de Dieu pour nous, quel est son Plan, par les moyens qu'on a vus plus haut.
4) Parce que notre façon de faire ne convient peut-être pas :
    a) **L'indication de la prière est mal posée** : par exemple, si on prie en demandant la guérison miraculeuse d'une maladie qui pourrait très bien guérir par la médecine, à condition qu'on se donne la peine de suivre les médicaments, le régime, bref, tout ce que nous n'aimons pas. Notre « prière » n'est alors que l'expression de notre paresse, manque de courage et de discipline et risque fort d'échouer. **A cause médicale, traitement médical**. Ce qui ne veut pas dire que nous ne devons pas demander au Seigneur le courage nécessaire pour affronter la maladie, prière qui, elle, sera sûrement exaucée ! Bien sur, il en irait tout autrement si notre situation ne nous permettait pas de nous traiter efficacement, auquel cas, il ne resterait plus qu'à demander un miracle au Seigneur puisque nous ne pouvons recourir à la médecine. Autre exemple : pour régler des problèmes de couple, on prie le Seigneur de chasser « le démon de désunion », sans voir que le plan de Dieu est que les conjoints opèrent une vraie conversion, un vrai changement et prennent leurs responsabilités en se faisant aider. Le plan de Dieu, dans ce cas, passe par un effort douloureux à accomplir et non par un « exorcisme » qui n'a pas lieu d'être et bloque le couple dans l'irresponsabilité. **A problème psychologique, traitement psychologique** !

Autre exemple : on a voulu guérir quelqu'un d'une possession vraie, sans recourir au ministère de l'évêque ou de son délégué, mais avec une simple « prière de délivrance » faite tout seul. Pas étonnant alors, que Satan ne soit pas expulsé et se livre à quelques plaisanteries de mauvais goût sur l'imprudent qui a voulu le déranger ! **A problème spirituel, traitement spirituel adéquat et par qui de droit !**
En fait, on a mal analysé le problème, mal évalué la montagne à déplacer !

b) **Nous avons peut-être prié « au nom de Jésus », sans chercher à savoir si Jésus était vraiment d'accord avec notre désir, notre plan.**

c) **Nous n'avons peut-être pas respecté un des « piliers » de la prière** : par exemple, on n'a fait que demander, sans louer Dieu pour sa toute puissance d'amour.

Y A T IL DES EMPECHEMENTS A LA REUSSITE DE LA PRIERE ?

Il est bien dit que Jésus ne pût pas faire grand chose à Nazareth en raison du manque de foi des habitants (Lc 5, 20). Par contre, la remise des péchés au paralytique et sa guérison totale fut réalisée par Jésus en « voyant leur foi » (Mc 6,5).
On peut donc se poser la **question de l'influence du « degré » de foi** de celui qui prie ou de ceux qui prient pour lui, devant l'absence du résultat attendu. **Mais ce qui est important, c'est la foi, ce n'est pas la « dignité » de celui qui demande.** Ainsi, Jésus s'est émerveillé de la foi du centurion qui confessait son indignité et l'a exaucé ! De même les péchés du publicain, du fait de son repentir sincère n'ont pas empêché l'exaucement de sa prière….au contraire ! N'allons donc pas troubler quelqu'un dont la demande parait n'avoir pas été exaucée, en lui laissant supposer que c'est peut-être la conséquence de péché ancien, alors qu'il a reçu le sacrement de réconciliation et a fait « réparation ».

En fait, l'impression que nous avons d'un « échec de la prière » serait plutôt une invitation à y voir une épreuve proposée par Dieu pour notre progression et incitant donc à redoubler de ferveur dans la demande au Seigneur de ne pas nous laisser succomber à la tentation (de baisser les bras) mais de nous délivrer du mal !
Voir la prière de la foi   Jc 1, 5-8

Oui, je veux morebooks!

i want morebooks!

Buy your books fast and straightforward online - at one of world's fastest growing online book stores! Environmentally sound due to Print-on-Demand technologies.

Buy your books online at
www.get-morebooks.com

Achetez vos livres en ligne, vite et bien, sur l'une des librairies en ligne les plus performantes au monde! En protégeant nos ressources et notre environnement grâce à l'impression à la demande.

La librairie en ligne pour acheter plus vite
www.morebooks.fr

VDM Verlagsservicegesellschaft mbH
Heinrich-Böcking-Str. 6-8　　Telefon: +49 681 3720 174　　info@vdm-vsg.de
D - 66121 Saarbrücken　　　Telefax: +49 681 3720 1749　　www.vdm-vsg.de

www.ingramcontent.com/pod-product-compliance
Lightning Source LLC
Chambersburg PA
CBHW020807160426
43192CB00006B/480